Paperback

W0046791

755

Über das Buch:

Es gibt eine schlimme Krankheit, die heißt »erste Liebe«. Die Symptome sind immer gleich: Appetitlosigkeit, Herzklopfen, totale Verunsicherung. Wenn das erste Mal die Seele explodiert und dann auch noch der Körper ein nie vorher gekanntes Feuerwerk abfackelt, ist die Verwirrung riesig.

Achtzehn Geschichten erzählen davon, was passiert, wenn sich alles zu ändern scheint: der Körper, die Freunde, das eigene Aussehen, die Familie. Dabei ist dieses Buch kein allwissender Ratgeber. Es ist ein Lesebuch, das poetisch, warmherzig, offen und unpeinlich zugleich aufs Anschaulichste vorführt, dass man als Jugendlicher mit seinen komischen Gefühlen oder Ängsten nicht allein dasteht.

Über die Autorin:

Simone Buchholz, geboren 1972, schreibt für *Allegra*, *Brand eins* und die *Süddeutsche Zeitung* und das (Gotthab-es-selig) *jetzt*-Magazin. Ist seit 15 Jahren bemüht, die Liebe zu lernen, steht aber jedes Mal wieder fassungslos vor ihren Gefühlen.

Simone Buchholz

Der Trick ist
zu atmen

Erste Liebe, erster Sex
und wie du beides überlebst

Kiepenheuer & Witsch

Für Jupp

1. Auflage 2003

Umschlaggestaltung: Barbara Thoben, Köln
Umschlagfoto: © Ute Schuckmann
Gesetzt aus der Stempel Garamond
Satz: Pinkuin Satz und Datentechnik
Druck und Bindearbeiten: Clausen & Bosse, Leck
ISBN 3-462-03234-8

Inhaltsverzeichnis

Versprochen
Wenn du mit jemandem schläfst, gibt dein Körper ein Versprechen ab. Aber da wird ja gar nicht geschlafen. Was wird stattdessen gemacht? Und, Teufel nochmal: was für ein Versprechen? | 131

Darf ich vorstellen?
Freunde und Freundinnen. Die gehören ja irgendwie dazu. Die haben Macht. Und: Egal, wie sie deine neue Liebe finden, sie ihnen das erste Mal vorzuführen, ist immer ein bisschen heikel. | 135

Kommst du mit in den Alltag?
Warum es in deinem Leben nicht nur die Liebe geben darf. Warum das wirklich wichtig ist. Was alles schief gehen kann, wenn man mal ein bisschen den Kopf verliert. Wie du cool bleibst. Wie aus Liebe Leben wird. Und was von dem Wort »Gewohnheit« zu halten ist. | 141

Bis einer weint!
Es kommt vor. Es gehört irgendwie dazu. Vielleicht muss es sogar sein. Es ist aber auf jeden Fall mit Vorsicht zu genießen, denn aus Versehen kann auch schnell ernst werden: Streiten. | 150

Das Herz geht zum Messer, bis es sticht
Von Fieber, Blut und Monstern. Der Horror hat einen Namen: Eifersucht. | 160

Wir müssen reden
Es ist schlimmer als der Tod. Es tut entsetzlich weh. Schluss machen. | 165

Der Trick ist zu atmen

Wie das Leben nach der Bruchlandung weitergeht. Wie die Wunden heilen. Und warum du dich trotz der Narben immer wieder verlieben kannst. | 179

Vorwort | Von Timm Klotzek

Bevor es losgeht, bitte nochmal kurz zurück zum Cover dieses Buches, fünf bis zehn Sekunden draufschauen, nur auf das Bild achten, nicht auf die Schrift oder das Verlags-Logo. Danach treffen wir uns wieder hier, einverstanden?

Das Bild ist deswegen so bedeutend, weil es etwas sehr Seltenes zeigt. Klar und deutlich zu erkennen: das Verliebtsein. Normalerweise ist es sehr schwer, das Verliebtsein zu einem Fototermin zu überreden; es kommt und geht, wann und wohin es will, und niemand kann es aufhalten, für kein Geld der Welt.

Wer es immer noch nicht bemerkt hat: Das Verliebtsein schwebt genau zwischen den zwei Menschen, die diese merkwürdigen Plastikeimer und -kegel auf dem Kopf tragen. Menschen mit kaltem Herz bleibt es unsichtbar. Jetzt siehst du es auch, oder? Das Verliebtsein ist der Grund, warum die beiden Menschen auf dem Foto gerade so gut zusammenpassen und warum der Himmel über ihnen so herrlich blau ist. Aber wenn du genau hinschaust (das hast du doch?): Das Verliebtsein ist auch schuld daran, dass die beiden Menschen keine Ahnung haben, was gerade mit dem anderen so los ist, mit ihnen selbst und dem Rest der Welt. Dass ihnen dauernd schwarz wird vor Augen und sie blind durch die Gegend stapfen. Dass es so heiß ist in ihrem Kopf und er dauernd rot anläuft. Und ob das besonders lustig oder vielleicht auch wahnsinnig bescheuert ist, was sie da auf ihrem Plastikhut-Spaziergang veranstalten, das wissen die bei-

11

den gerade auch nicht zu sagen. Auch wie es hinter dem linken Bildrand weitergeht, ist völlig unklar. Gar nicht so einfach, das alles.

Hier kommt zum Glück Simone Buchholz ins Spiel, sie hat in diesem Buch endlich einmal die meisten jener lebenswichtigen Fragen gestellt, die man so hat, wenn man dem Verliebtsein zum ersten Mal begegnet:

Warum werden Sonnenuntergänge jetzt erst richtig bunt? Wie geht welcher Kuss? Wie geht's weiter nach der ersten Bruchlandung? Was tun, wenn sie die Pille auskotzt? Warum wird in Liebesfilmen nie gefickt? Und in Fickfilmen nie geliebt? Wie tief kann man ein rostiges Messer ins Herz stoßen? Warum mutieren Eltern plötzlich zu peinlichen Vollidioten? Wann haben Jungshände etwas in Mädchenunterhosen zu suchen? Wie wird man in Würde erwachsen, auch wenn sich die eigene Stirn anfühlt wie ein Mohnbrötchen?

Simone Buchholz gibt ehrliche Antworten, und sie kommen aus einem warmen, klugen Bauch heraus. Das Feine an »Der Trick ist zu atmen«: Das Buch ist kein handwerklicher Ratgeber, der Allwissen vortäuscht. Vor solchen Büchern sei grundsätzlich gewarnt, es sei denn, es handelt sich um den Duden oder das Benutzerhandbuch einer Digitalkamera. Aber gerade beim Thema Liebe wäre es doch unfair und gemein zu behaupten: Hier geht's lang und nirgendwo sonst. Wer Lust dazu hat, soll gerne auch bei vielem von dem, was auf den kommenden Seiten beschrieben wird, genau das Gegenteil tun. Es ist überhaupt nicht ausgeschlossen, dass man auch damit richtig liegt.

Beruhigend auch: Das Buch macht sich nicht über Unsicherheiten lustig, das wäre noch gemeiner als Patentrezepte vorzugaukeln. Stattdessen schreibt Simone Buchholz im Tonfall einer Verbündeten; einer großen Schwes-

12

ter vielleicht, aber einer sehr coolen und vertrauenswürdigen, wie es sie im wahren Leben leider nur sehr selten gibt. Dass diese große, coole Schwester bisweilen auch verwegen oder gar verrückt ist, ist sogar eher von Vorteil: Wenn man über die Liebe mit dem gewöhnlichen Krampf sprechen möchte, dann kann man ja gleich zu seinen Eltern gehen oder einen Zettel ans schwarze Brett der Schule hängen. »Hilfe, ich leide an Schlaflosigkeit, plötzlichem Herzstillstand und unberechenbaren Glückswallungen. Ist das die Liebe, von der alle immer so viel erzählt haben? Wer kann mir mehr dazu sagen?« Was dabei herauskommen würde, ist absehbar: Spott, Gelächter, unehrliche Prahlerei, peinliches Schweigen. In diesem Buch ist das zum Glück alles anders. Das Gute an Simone Buchholz: Sie hat zwar auch nicht auf alles eine Antwort. Sie ist aber auf jeden Fall eines: immer auf deiner Seite.

Wer mit »Der Trick ist zu atmen« trotzdem nichts anfangen kann, dem ist auch sonst nicht zu helfen. Denn bei der Liebe ist es ja so, dass gerade diejenigen, die meinen, alles schon zu wissen, noch nie etwas verstanden haben.

Für den Rest von uns gilt: Augen auf. Tief Luft holen. Los geht's.

München im Februar 2003,
Timm Klotzek

Abfahrt

Wie sich die ganze Welt ändert, wenn das erste Mal der Blitz einschlägt. Warum sie dann überhaupt erst anfängt, sich zu drehen. Und wie das alles einzuordnen ist.

Der Tag tut, als sei er ein Tag wie jeder andere, und du stehst da eben einfach so rum, als dich zum ersten Mal der Blitz trifft. Aus heiterem Himmel trifft er dich, dieser Blitz, und das ist wirklich so, er muss aus dem Himmel kommen, so wie es sich anfühlt, so hell und glitzernd, und der kleine Stich, den du spürst, der ist kein Schmerz, der ist ein goldener Pfeil, schwirrt durch dein Herz, schafft Platz, mit dem du noch nichts anzufangen weißt, aber der neue Raum, der ist riesig, du willst zerreißen, vor Freude explodieren. Und der Himmel, du schaust hoch und, ja, du siehst es: Der ist verdammt heiter heute.

Scheiß auf alles, was vorher war, denn dein Leben beginnt: jetzt.

Stell dir einfach vor, du wärst ein Reisender, der auf einer irre langen Reise ist. Das Ziel deiner Reise bist du selbst, die Fahrkarte löst du mit deiner Geburt, und das Ding, das dich transportiert, ist die irrwitzige Fähigkeit der Menschen, Sehnsucht zu empfinden. Doch diese Sehnsucht ist erst mal geheim, und bis zu dem Tag, an dem du langsam erwachsen wirst, bleibt dir nicht viel mehr, als die anderen, die schon voll drinstecken, dabei zu beobachten, wie die Sehnsucht sie beutelt und ihnen den Kopf verdreht, und du fragst dich die ganze Zeit: Was passiert denn da? Warum sind die alle so verrückt?

Warum grinsen die so irre, warum weinen die, warum schreien die, warum hampeln die so rum, was ist denn mit denen bloß los? Aber wenn du dich das erste Mal verliebst, wenn du das erste Mal einen Menschen triffst, der dich umhaut, der sich einfach Zutritt verschafft zu allem, was du bist, bekommst du plötzlich eine Ahnung davon, was die Sehnsucht mit dir machen kann. Es ist, als wärst du die letzten zehn Jahre nur durch kleine Dörfer gefahren, die mal lustig waren, mal traurig, mal schön, mal hässlich, mal ruhig, mal ein bisschen lauter, aber jetzt, jetzt rauschst du durch große, aufregende Städte am Meer, die funkeln und alles verheißen, und ab jetzt willst du überall hin, willst mehr von diesen Städten sehen, willst dich für immer darin aufhalten, denn irgendwas zieht und zerrt an dir. Es ist das erste Mal, dass du etwas wirklich, wirklich willst, und es handelt sich dabei nicht um ein Paar rote Clogs, die du deinem Vater durch fünf bis siebzehn Tränchen abpressen kannst, und nicht um eine CD, die dir deine Mutter schon kaufen wird, wenn du sie nur lange genug nervst, und auch nicht darum, dass es für dich einfach nicht drin ist, Mathe-Nachhilfe zu ertragen. Es handelt sich hier um etwas ganz anderes. Es handelt sich um einen Menschen, dessen Nähe du brauchst wie Luft zum Atmen, dessen Haut dir wie Nahrung erscheint, dessen Lächeln deine Sonne ist, dessen Stimme deine Musik, der nur für dich geboren wurde. Es geht um dein Glück. Dieser Mensch ist dein Wunsch. Und du hast das Gefühl, dass du sterben musst, wenn dein Wunsch sich nicht erfüllt. Ich sage dir hier und jetzt und ganz zu Anfang: Sterben musst du nicht. Aber es fühlt sich definitiv so an, und das ist völlig normal. Es wird auch nicht aufhören, dieses Gefühl wirst du ab jetzt dein Leben lang haben, wenn du dich verliebst, auch mit siebzig noch. Es hört niemals auf, wenn es erst mal angefangen hat: Willkommen im Club.

Warum sich die Liebe so anfühlt wie der Tod?

Weil, wenn es um dein Glück geht, geht es um dein ganzes Leben. Ohne die Aussicht auf Glück gäbe es für niemanden einen Grund weiterzumachen. Und wirkliches, wahrhaftiges Glück kannst du nur in der Liebe finden, denn wegen der Liebe bist du hier. Hätten sich deine Eltern nicht geliebt, würdest du nicht leben. Wirst du nicht jemanden lieben, wirst du vielleicht niemals Kinder haben. Hätten wir die Liebe nicht, gäbe es uns nicht. So einfach ist das. Und so verflixt kompliziert. Aber auch so geschickt eingefädelt: Menschen fühlen sich zu anderen Menschen hingezogen, weil sie alleine sind und es auf eine bestimmte Art, nämlich ihre ganz eigene Art, auch immer bleiben werden. Die Tatsache, dass wir ein Einzelnes sind, dass wir ein eigenes Bewusstsein haben, dass uns ein Körper umgibt, eine Haut, eine Hülle, die verhindert, dass wir einfach auseinander brechen und uns in der Welt auflösen, grenzt uns von anderen ab, macht uns anders als die anderen. Jeder von uns hat ein bestimmtes Gesicht, einen bestimmten Klang, eine bestimmte Art zu denken, zu fühlen, sich zu bewegen, und das alles kann sich zwar im Laufe eines Lebens verändern, macht dich aber dann erst recht zu dem, was nur du bist, und damit immer einsamer. Diese Einsamkeit muss nichts Böses oder Schlimmes sein, sie ist eine Art von Einsamkeit, die du genießen kannst, weil sie dir alleine gehört. Auf der Basis dieser Einsamkeit, dieser Einzigartigkeit jedes Menschen funktioniert das System unseres Lebens. Nur wenn es Verschiedenes gibt, kann daraus Neues entstehen. Aus Gleichem entsteht immer nur das Alte, das Bisherige.

Da stehst du also wieder rum, bist so ganz und gar ein-

16

zigartig und eigenwillig, und dir gegenüber steht jemand, dem geht es wie dir, der ist auch anders. Und auf eine geheimnisvolle Weise bringt er das, was so eigen an dir ist, nämlich dich, zum Klingen, sorgt für Aufruhr in deiner Seele, wirft dir den Magen durcheinander. Weil dich das verunsichert, weil dich das durcheinander bringt, weil das das Aufregendste ist, was das Leben für dich bereithält, willst du wissen, wer das ist, der da so einen Alarm in dir auslöst.

Die einfachste Möglichkeit, das rauszufinden, wäre, schnell mal in den anderen reinzuschlüpfen, durch deine und seine Hülle hindurchzugreifen, kurz ein bisschen im anderen rumzuwühlen, sich da reinzulegen, es sich dort gemütlich zu machen und zu lauschen, zu schmecken, zu spüren, schon wüsstest du alles und sofort wäre wieder Ruhe.

Das geht leider nicht. Und es würde dich bald langweilen, nach zwei, drei Mal hättest du die Schnauze voll.

Die etwas schwierigere Möglichkeit heißt: Liebe. Die Sehnsucht, trotz aller Grenzen und Hüllen so nah wie möglich an den anderen ranzukommen, so viel wie möglich von ihm zu lernen und zu bekommen. Und so viel wie wöglich zu verschenken, einfach wegzugeben, hier, nimm meine Liebe, nimm alles, was ich habe. Denn das Glück ist kein Tauschgeschäft. Und weil du deshalb nicht immer automatisch alles zurückkriegst, was du gibst, kann es schon auch mal passieren, dass du eines Tages doch die Schnauze voll hast, weil das wehtun kann, aber gleichzeitig ist es auch wunderschön, es wird niemals langweilig und du fängst immer wieder von vorne damit an.

Und während du, so völlig irre und total verdreht, wie du ab jetzt sein wirst, weiter durch deine Welt läufst, scheint sie plötzlich eine andere zu sein. Sie scheint größer geworden, als würde sie sich ausdehnen, als würde sich in deinem Haus jeden Tag ein neues Fenster öffnen, und hinter diesen Fenstern ist ein Wahnsinnsausblick, über Täler und Berge, über Flüsse und Seen. Und alles in Farbe. Nicht, dass dein früheres Leben nur schwarz-weiß war, nein, das war es bestimmt nicht, aber versuch doch mal, dich zurückzuerinnern. Deine Farben waren einfacher, klarer, schlichter. Deine Welt bestand aus den Grundfarben, und jetzt fangen sie an, sich zu vermischen, das macht die Sache spannend, denn du hast unendlich viele Möglichkeiten. Gib dem Schwarz mal ein bisschen Rosa oder Blau, und es wird sofort anfangen zu schillern.

Wenn ich an die Zeit denke, als die Liebe zu meinen Eltern die einzige war, die ich kannte, denke ich an orange, schwarz und blau. Blau war das Übliche, so waren wir halt, so war es, wenn alles seinen alltäglichen Gang ging. Waren meine Eltern nicht da, war es schwarz, ich hatte Angst, ich war traurig, weil ich nicht mitkommen konnte, ich hasste meinen Babysitter. Und dann das Orange, das war das Glück, halb rot, halb gelb, wenn wir auf grün saßen, auf unserem Balkon mit dem vielen Schnittlauch und der Petersilie, oder wenn ich mit meinem Vater auf dem Fahrrad saß, vorne auf seinem Lenker hatte ich so einen kleinen Sitz, und wir fuhren im Spätsommer in unseren Schrebergarten, mit den Kartoffeln und Tomaten und Sonnenblumen. Das war schon nicht schlecht, das war so schön deutlich, da war das Glück ein einfacher Zustand: Ende August in Südhessen. Aber wenn ich dran denke, wie das Glück jetzt ist, wie bunt und unübersichtlich, wie es mich verrückt macht, mein Leben mit der Liebe, ich würde nie mehr tauschen wollen. Und wenn du willst, spring mit auf, und dann fahren wir los, in einen Sonnenuntergang, der nur in Verbindung mit Leidenschaft eine Bedeutung bekommt und dreihunderttausend Farben hat, wenn du willst auch noch mehr.

Du kannst das seltsame Spiel der Liebe mitspielen oder es bleiben lassen, du hast die Wahl, ob du die Schlüssel zu deinem Herzen rausgibst oder sie lieber sicher in einem dreimal verschlossenen Tresorschrank versteckst. Ob du es auf dich nehmen willst, dass du glücklich und verrückt wirst und dich manchmal keiner mehr versteht, oder ob du lieber deine Ruhe haben willst und dich das alles nichts angeht. Du musst das nicht jetzt entscheiden, du hast ein Leben lang Zeit dafür, aber irgendwann will es Sheriff Lovely wissen:

Allgemeinzustand?

Hitzegrad?

Hunger?

Durst?

Aussichten?

Und je nachdem, wie es die Liebe gerade mit dir meint, wirst du dich wie ein Riese oder wie ein Zwerg fühlen. Bist du dabei?

Prilblumen

Warum es sich lohnt, für ein paar Jahre nicht in den Spiegel zu schauen. Warum das aber auch keine Katastrophe sein muss. Wichtig, trotz fortgeschrittener Pubertät: Würde behalten.

»Lassen Sie mich durch«, sagt die Frau, »ich bin Arzt, ich kann helfen.« Ich brauche ein paar Sekunden, bis ich merke, wem sie helfen will: mir. Die Frau ist doppelt so alt wie ich, recht klein, obwohl sie schon irre hohe Schuhe anhat, sie ist nicht dünn, aber auch nicht dick, dafür sind ihre blonden Haare wirklich dünn, sie trägt sie bis zum Kinn, und ihre Frisur wirkt so, als wären die Haare früher länger gewesen. Sie hat eine Sonnenbrille auf der Nase, die für ihr kleines Gesicht viel zu groß ist. Ihr Kleid ist rosa und beult an verschiedenen Stellen, unter anderem am Bauch. Ihre Beine sind perfekt rasiert, ihre Achseln nicht so. Dass ich das alles überhaupt wahrnehmen kann, in meiner momentanen Verfassung, wundert mich, denn ich bin unter Druck. Ich stehe in der Innenstadt auf einem Gehsteig und fühle mich von den ganzen Leuten, die mich anstarren, etwas in die Ecke gedrängt. Es wäre falsch und unfair von mir, die Leute dafür zu verurteilen oder gar zu hassen, denn sie starren zu Recht. Ich sehe unglaublich aus. Nicht, dass ich das bisher nicht bemerkt hätte, ich weiß sehr wohl, wie ich zurzeit auf andere wirken muss, aber ich weiß mir einfach keinen anderen Rat, als es zu ignorieren. Es ist nämlich so:

Mein Körper dreht durch.

Wenn ich mich mal eben beschreiben dürfte? Ich muss ein wenig ausholen: Früher war ich gerade. Alles passte zusammen, war dort, wo es hingehörte, ich sah top aus. Jetzt bin ich schief. Denn irgendwann in den letzten Jahren fingen meine Arme an zu wachsen, sie gehen mir inzwischen bis zu den Knien. Meine Beine sind zu kurz. Und ich habe Beulen am Körper, da haben sich Stellen verändert, von denen ich vorher gar nicht wusste, dass es die gibt. Meine Haare wasche ich dreimal täglich, aber sie sind immer fettig. Ich versuche das zu vertuschen, indem ich mir eine Birne auf die Stirn binde. Besser wäre allerdings eine Melone, denn auch meine Haut ist nicht in Topform. Es gibt einige Krater und Berge zu verzeichnen. Ich weiß, dass die Birne keine Lösung ist, ich weiß, dass ich mich hinter ihr nicht verstecken kann, ich weiß aber einfach nicht, was ich sonst tun sollte, mir ist so danach, mich zu verstecken, und ich bin guter Dinge, durch einen schlechten Witz, eben einer Birne auf dem Kopf, von den Tatsachen ablenken zu können. So bin ich nun mal, und auch wenn es einiges gibt, wofür ich mich entschuldigen könnte, dafür tue ich es nicht. Ich werde so schon ständig rot, da muss ich mir nicht noch mehr Gedanken um mein Auftreten machen als unbedingt nötig.

Ich fühle mich so schrecklich unperfekt. Wenn ich etwas anziehe, das mir gefällt, kann ich es spätestens draußen auf der Straße nicht mehr ertragen, diese Dinge anzuhaben, und gebe ständig zu viel Geld für neue Klamotten aus, die dann beim nächsten Tragen das gleiche Schicksal wie alle meine Sachen ereilt: Sie sehen an mir scheiße aus. Am liebsten mag ich immer noch meinen Pullover aus der Grundschule, der genauso ist wie ich: älter geworden und irgendwie ausgeleiert, mit tausend Macken und Ziehfäden, aber er kann nichts dafür.

Die Frau, die vorgibt, Arzt zu sein und sich mit meinem Problem auszukennen, schiebt die Leute zur Seite, die mir schon bedrohlich nah gekommen sind und zu murmeln angefangen haben.

»Entschuldigung«, sagt sie und tritt nach rechts, »Entschuldigung«, und tritt nach links, und zu dem Typen, der plötzlich einen Lachkrampf kriegt, sagt sie:

»Halten Sie die Fresse«, und gibt ihm eine Kopfnuss. Er fällt um, und in dem Gerangel, das daraufhin entsteht, schnappt sie mich, zieht mich an beiden Armen aus der Menge. Sie fängt an zu rennen, also renn ich mit, und wir bleiben erst wieder stehen, als wir in einem Parkhaus sind, in Sicherheit.

Wir stehen voreinander rum, ich bin verlegen, sie betreten.

»So«, sage ich.

»Ja«, sagt sie.

»Äh, also …«, sage ich, »äh … danke.«

»Klar«, sagt sie, »kein Problem«, sagt sie, »war doch selbstverständlich, ich, äh … hab ich dich zu fest angefasst? Hab ich dir wehgetan? Bist du okay?«

»Ja, ja«, sage ich, »ich bin okay, also, den allgemeinen Umständen entsprechend.«

Sie rückt ein Stück von mir weg und nimmt mich unter die Lupe, schaut mich ganz genau an, unten, Mitte, oben.

Mir wird unwohl, aber nicht richtig schlimm, ich habe das Gefühl, ihr trauen zu können, sie hat mich schließlich aus einer blöden Situation gerettet.

»Meine Güte«, sagt sie, »dich hat's aber ganz schön erwischt.«

Ich nicke und sage nichts dazu, sie scheint ja Bescheid zu wissen.

»Am besten wird sein, wenn wir erst mal abhauen«, sagt sie, »und dann können wir in Ruhe überlegen, was zu tun ist.«

»Gut«, sage ich und atme tief durch. Endlich hilft mal jemand.

Die Frau hat ein schickes Auto, ein kleines, rotes Cabriolet, es ist ziemlich alt, kann nur langsam fahren und sieht aus wie ein Lego-Mobil. Sie fährt, ich sitz daneben, mit einer Papiertüte über dem Kopf.

»Sicher ist sicher«, hat sie gesagt und mir die Tüte in die Hand gedrückt. Ich war überrascht, wie gut sie für solche Fälle wie mich ausgerüstet ist.

»Sehe ich so schlimm aus?«, hab ich sie gefragt, als ich die Tüte nahm, und mir wurde für einen kleinen Moment ganz schlecht.

»Es geht nicht darum, wie du aussiehst«, hat sie gesagt, »es geht darum, wie du dich fühlst. Und ich glaube, dass du dich mit einer Tüte auf dem Kopf einfach besser fühlst.«

»Machen Sie das öfter?«, frage ich sie, als wir im Schneckentempo am Rathaus vorbeifahren, vor dem Leute eine Demonstration abhalten.

»Nein«, sagt sie, »aber ich habe gelernt, dass man im Leben mit allem rechnen muss. Mit allem.«

»Und da holen Sie jetzt ständig Leute von der Straße, oder was?«, frage ich.

»Nein«, sagt sie, »aber mir wurde auch mal geholfen. Und jetzt rutsch ein bisschen tiefer, du bist immer noch ziemlich auffällig. Es gibt viel zu viele Menschen, die nicht verstehen, was mit dir los ist, die vergessen haben, wie sich das anfühlt, wenn man in so einem Schlamassel steckt.«

Ich rutsche tiefer, meine Arme berühren die Fußablage.

Ich schaue zu der Frau rüber, diskret, soweit das die Sehschlitze in meiner Papiertüte erlauben. Am Rande ihrer Sonnenbrille kann ich Falten entdecken und ihr Kleid beult wirklich enorm, so im Sitzen. Sie fährt sich mit der Hand durch die Haare, weil die ihr dauernd im Gesicht rumfliegen. Aber kaum hat sie die Hand da raus, sind die Haare wieder vor ihrer Sonnenbrille.

»Mist«, sagt sie. »Kannste mal hinter dich fassen, da liegt so eine Lederhaube, die brauch ich.«

Ich fasse hinter mich, was schwierig ist, wo ich doch unten bleiben soll, aber dank meiner Übergröße in Sachen Armen klappt es dann doch irgendwie. Ich bin gerade nicht mehr sicher, ob mir hier wirklich geholfen wird.

Meine Retterin lenkt mit den Knien und setzt sich bei 25 km pro Stunde die Lederhaube auf. Es ist so eine Art Fliegermütze, wie sie Heinz Rühmann in »Quax, der Bruchpilot« getragen hat, wobei aber ihr Exemplar auf den Ohrenklappen mit Strass dekoriert ist. Ganz ehrlich jetzt: Sie sieht mindestens genauso komisch aus wie ich und ich beginne wieder, mich etwas wohler zu fühlen.

Sie scheint das zu merken, schaut zu mir rüber und lächelt, auf eine weise und doch unbefangene Art, wie ich es zuletzt bei meinem Opa gesehen habe, kurz bevor er starb. Er lag damals auf seinem Krankenbett in unserem Gästezimmer, das Kopfteil hochgeklappt, und winkte mir mit diesem Lächeln immer zu, das war seine Methode gewesen, zu winken, ohne dabei die Hand bewegen zu müssen. Es war, als wollte er mir mit Hilfe seines Lächelns sagen:

Mach dir keine Sorgen um mich, ich bin wohlauf und ich habe keine Angst, denn ich weiß, was auch immer jetzt kommen mag, ich habe alles erlebt, es kann mich nichts mehr erschrecken. So ist das Leben und so sind wir: alles und einzigartig. Also, egal, was du tust, hau rein.

Es ist schön, mal wieder so ein Lächeln zu sehen.

Ich folge unserer Route durch meine Sehschlitze. Wenn ich das richtig mitbekomme, bewegen wir uns aus der Stadt raus. Wir fahren am Fluss entlang, auf einer großen, viel befahrenen Straße, die aber plötzlich schmal wird, und hastdunichtgesehn befinden wir uns auf dem Land. Ich traue mich, wieder ein bisschen nach oben zu rutschen. Die Frau schaut starr geradeaus und konzentriert sich auf die Fahrbahn.

Das kleine, rote Auto kommt vor einem großen, weißen Haus zum Stehen. Das Haus ist wirklich imposant, hat zwei Säulen und Treppen am Eingang und steht in einem Garten, der mehr ein Park ist als ein Garten. Überall Blumen.

»Wow«, sage ich.

»Warte ab«, sagt die Frau.

»Gehört das alles Ihnen?«, frage ich.

»Wo denkst du hin?«, sagt sie.

Ich zucke mit den Schultern, und weil ich nicht weiß, was ich sonst machen soll, steige ich aus und will mir die Tüte vom Kopf nehmen.

»Bist du sicher, dass du sie schon abnehmen willst?«, fragt sie.

Ich bin nicht sicher und zögere ein bisschen.

»Dann lass sie noch auf«, sagt sie, »hör nur auf dein Gefühl.«

Ich lasse die Tüte auf dem Kopf, sie nimmt mich bei der Hand und führt mich erst auf das Haus zu, dann um das Haus herum, ich muss beim Laufen ein bisschen aufpassen, nicht über meine eigenen Füße zu stolpern.

»So«, sagt sie.

Wir stehen vor einem Geräteschuppen.

»Hier wohne ich«, sagt sie, nimmt mir die Tüte vom Kopf und macht eine ausschweifende Handbewegung, die vor dem Schuppen endet.

»Mein Gartenhaus.«

»Ja«, sage ich, »das ist ja schön.«

Und wirklich: Es ist schön. Denn hinter der Bretterverschlagtür versteckt sich eine kleine, aber feine Wohnschachtel. Mit zwei alten, braunen Ledersofas, einem weißen Gitterbett, einem schmiedeeisernen Tisch in Hellblau mit passenden Stühlen dazu, einem winzigen Kronleuchter an der Decke und rosa Blümchentapeten an den Wänden. Auf dem Tisch stehen drei Blumenvasen mit Rosen, Glockenblumen, Margariten, Tulpen und Vergissmeinnicht. Die Frau deutet auf eines der beiden Sofas und bittet mich, Platz zu nehmen. Dann geht sie zum Kühlschrank und holt zwei Flaschen Fanta raus.

»Willst du?«, sagt sie.

Ich nicke. Sie kommt zu mir rüber, setzt sich neben mich, öffnet die Fantaflaschen mit den Zähnen, wir stoßen an.

»Aaah«, sagt sie, »so ist's doch schon besser, gell?«

Ich nicke wieder. Aber ich fühle mich doch ganz schön verunsichert, denn ich frage mich: Geht's hier jetzt gleich los? Und wenn ja, was?

Sie nestelt an dem Etikett von ihrer Flasche rum und scheint von allen guten Plänen verlassen, wenn sie überhaupt jemals welche hatte. Sie sagt, dass sie auch nicht so genau weiß, was jetzt zu tun ist, dass sie nur das Gefühl hatte, sie müsse IRGENDWAS tun, ich hätte ihr Herz gerührt.

Ich zucke mit den Schultern.

»Vielleicht sollten wir mit der Birne vor deiner Stirn anfangen«, sagt sie.

»Nee«, sage ich, »die Birne bleibt, die brauche ich, um mich zu schützen.«

»Sieht aber albern aus«, sagt sie.

»Ich bin albern«, sage ich, »ich bin eine Laune der Natur.«

»Das stimmt nicht«, sagt sie, »du bist nicht albern. Du denkst nur, du wärst es. Aber du kannst ja denken, was du willst. Hauptsache, für dich ist es okay. Ist es für dich okay, dass du denkst, du wärst albern?«

»Nein«, sage ich, »ich wäre gern würdevoll.«

»Und die Birne hilft dir dabei?«, fragt sie und nimmt einen Schluck Fanta.

»Irgendwie schon«, sage ich. »Die hab ich mir wenigstens selber ausgesucht, den Rest von meinem Körper nicht. Und den Rest, den find ich im Moment eben so scheiße, dass ich das Gefühl habe, mit irgendwas davon ablenken zu müssen, irgendwas, was ich schön finde, und Birnen finde ich schön.«

»Verstehe«, sagt sie und nimmt ihre Sonnenbrille ab. »Unsere Aufgabe besteht also darin, dir Würde zu verschaffen, ohne dass du eine Birne auf dem Kopf tragen musst. Richtig?«

Richtig. Ich nicke. Sie hat schöne runde Augen, braun wie bei einem Reh, mit langen, dunklen Wimpern, die nicht zu ihren blonden Haaren passen, was ihrem Gesicht etwas Verwegenes gibt. Sie steht auf, geht zum Kühlschrank und holt sich noch eine Fanta raus. Sie hat ihre schon ausgetrunken, meine ist noch fast voll.

»Hältst du mich eigentlich für verrückt?«, fragt sie.

Ich nehme einen Schluck von meiner Fanta und schüttele den Kopf.

»Kannst du ruhig sagen«, sagt sie.

»Ein bisschen vielleicht«, sage ich.

»Siehst du«, sagt sie, »das ist der Punkt: Du hältst mich für verrückt, nur weil ich in einem Schuppen wohne und ein rosa Kleid anhabe. Du kennst mich überhaupt nicht, und du denkst, dass ich vielleicht verrückt bin. Aber das sind alles nur Äußerlichkeiten. Ich denke, dass ich nicht verrückt bin, ich bin nur so, wie ich bin, und wenn Leute mich für verrückt halten, nur weil es so aussieht, dann interessiert mich das einen feuchten Kehricht.«

»Ich verstehe nicht ganz …«, sage ich, ich weiß nicht, wie ich aus dieser Nummer wieder rauskommen soll, sie scheint etwas aufgebracht zu sein.

»Es ist egal, wie du aussiehst«, sagt sie, »es wird immer jemanden geben, der dich genauso liebt, wie du bist. Darf ich dir was zeigen?«

»Klar!«, sage ich ein bisschen zu laut, froh darüber, dass die unangenehme Situation überstanden ist. Sie kniet sich auf den Fußboden, ihr Kleid steht hinten ziemlich ab, als sie das tut, sie schiebt eine von den Holzplatten zur Seite, stöhnt ein bisschen, findet erst nichts, findet dann doch, und kramt am Ende ein dickes Fotoalbum raus. Sie steht wieder auf und klopft sich den Staub von den Knien. Setzt sich wieder zu mir, öffnet ihre Fanta auf die bewährte Art und Weise und legt mir das Fotoalbum auf die Schenkel.

»Was ist das?«, frage ich.

»Ein Fotoalbum«, sagt sie und lächelt.

»Das sehe ich auch«, sage ich, »aber was ist da drin?«

»Schau nach«, sagt sie und lehnt sich zurück.

Ich schlage das Album auf. Auf der ersten Seite klebt ein Tütchen, in dem eine blonde Locke liegt. Auf der zweiten Seite klebt eine Karte mit einem rosa Elefanten drauf, der eine Geburtstagstorte in der Hand hat. »Schön, dass du geboren bist!«, steht über dem Kopf des Elefanten. Dann ganz viele Schwarzweißfotos von einem Baby. In der Wiege, im Kinderwagen, in der Badewanne, auf einer Decke, auf einem Teppich.

Meine Birne ist durch den Tütenhut etwas verrutscht, ich rücke sie wieder an ihren korrekten Platz vor den oberen Teil meiner Stirn zurück. Der Platz ist deshalb der einzig korrekte, weil sich dort eine Herde, nein, eine Legion von Hautunreinheiten festgesetzt hat, ich weigere mich, sie »Pickel« zu nennen, zumindest in Notsituationen darf man sich die Dinge auch mal schönreden.

Im Album ist das Baby inzwischen zum Kleinkind geworden, das schaukelt, schwimmt, rumtollt und wacklig läuft, seine Sache also ganz gut macht.

»Warum wohnen Sie hier im Garten?«, frage ich.

»Ich wohne hier, weil ich in dem großen Haus dort drüben arbeite«, sagt sie.

»Als was?«

»Dort ist ein alter Mann, der ist sehr reich, aber fast blind, und ich bin seine Vorleserin.«

»Ist der nett, der Typ?«, frage ich.

»So gut er kann«, sagt sie.

»Und Sie lesen ihm dann jeden Tag die Zeitung vor.«

»Nein«, sagt sie, »Zeitungen interessieren ihn nicht. Wir lesen nur Bücher, abends von sieben bis elf, dann will er schlafen.«

Die Art, wie sie »wir« sagt, ist sehr besonders.

»Und was macht er sonst so?«, frage ich.

»Rumsitzen.«

Ich blättere weiter. Das kleine Mädchen kommt in die Schule. Steht in einem Garten, ihre langen blonden Haare sind zu Zöpfen geflochten, im Arm hat sie eine Schultüte, auf dem Rücken einen überdimensionalen Schulranzen.

»Mathematik hab ich vom ersten Moment an gehasst«,

sagt sie, »später bin ich dann deshalb zweimal sitzen geblieben. Wie läuft's bei dir so in der Schule?«

»Darüber möchte ich nicht sprechen«, sage ich.

Und sie sagt: »Gibt ja auch Wichtigeres.«

Ich blättere weiter: Seitenweise Klassenfotos, sie hat jeden Jahrgang dokumentiert, sich selber beim Heranwachsen festgehalten. Ihre Haare sind immer gleich lang, fast bis zur Hüfte gehen die, wechseln aber die Frisur, auf einem Bild, da muss sie so 13 sein, hat sie sie zu einem ulkigen Vogelnest aufgetürmt. Ein Jahr später ist sie kaum noch zu erkennen, ich kann sie nur mit Hilfe ihrer charakteristischen Haltung zuordnen, die sie jetzt immer noch hat: ein bisschen vorwitzig, ein bisschen scheu, um die Schultern herum irgendwie lustig, um die Hüfte eher traurig. Ihr Gesicht ist fast nicht zu sehen, denn sie hat es mit Prilblumen beklebt, mit diesen kleinen, bunten Blumenaufklebern zum Sammeln, die früher immer auf den Spülmittelflaschen waren. Ich starre da sehr lange drauf, vergesse die Zeit und komme erst wieder zu mir, als sie sich eine dritte Fanta holt. Sie steht ein bisschen verloren vor dem Kühlschrank rum, in der einen Hand hat sie die Fantaflasche, in der anderen ihren Rockzipfel. Ihre Rehaugen sehen mich aufgeregt an.

»Und«, sagt sie, »was hältst du davon?«

Ich grinse zu ihr rüber.

»Ganz schön bescheuert«, sage ich.

»Hey«, sagt sie, »ich hatte das Gefühl, dass es nötig war, dass ich mir irgendwie helfen musste.«

»Und?«, frage ich. »War es nötig?«

»Was glaubst du denn?«

»Was war dahinter?«, frage ich.

»Ich«, sagt sie. »Mein Gesicht und alles, was ich sonst noch an körperlichen Unzulänglichkeiten zu ertragen hatte. Die Prilblumen haben mir damals sehr geholfen. Ich hatte sie über ein Jahr bei mir. Bis ich sie eines Tages nicht mehr brauchte.«

»Warum?«, frage ich.

»Es war an einem Abend, an dem ich Besuch erwartete, das erste Mal richtigen Besuch erwartete, wichtigen Besuch, du weißt schon ...«

»???«

»Ich war seit Wochen in einen Jungen verknallt, seit Wochen konnte ich an nichts anderes denken als an ihn. Aber jetzt hatte er mich bemerkt und sich bei mir zu Hause angekündigt. Ich saß zur Salzsäule erstarrt in der Küche und wartete. Meine Haare hatte ich an diesem Tag schon zum vierten Mal gewaschen, mein Gesicht neu mit Blumen dekoriert und ich trug meinen alten, ausgeleierten Lieblingsrock. Es klingelte, ich war nicht in der Lage, zur Tür zu gehen. Meine Mutter übernahm das für mich, bugsierte den Typen in die Küche und ließ uns allein. Wir sagten Hallo und ich schaffte es tatsächlich, mich ihm bis auf zwei Meter zu nähern. Er fragte mich, was wir denn vorhätten. Ich sagte, wir könnten ja spazieren gehen, mir fiel nichts Besseres ein. Also gingen wir spazieren. Es war Oktober, ein diesiger Herbsttag, ganz schön, aber ein bisschen grau. Wir wussten nicht viel zu sagen, wir waren beide so aufgeregt, und so liefen wir einfach nebeneinander her, bis wir auf einem Feldweg waren. Und dann sagte er was ganz Tolles: Er sagte, er würde mir gerne ein paar Blümchen pflücken, aber es gäbe ja keine mehr, und das würde ihn sehr traurig machen. Ich musste lachen und wie immer, wenn ich lachte, bildeten die Aufkleber auf meinem Gesicht kleine Falten und er sagte: Obwohl ... es gäbe schon welche, aber er wüsste nicht, ob er die pflücken dürfe. Ich hörte sofort auf zu lachen.

Nicht meine Blumen, dachte ich, Finger weg von meinen Blumen. Aber er kam auf mich zu, ich wich zurück, er kam noch näher und fragte: Darf ich? Ich hatte keine Ahnung, ob der das darf, aber ich konnte mich auch nicht wehren, dazu war ich viel zu nervös, und wie er so nah vor mir stand, das war so schön, da war die Vorstellung, ohne Blumen im Gesicht zu sein, gar nicht mehr so schlimm.«

»Und dann?«, frage ich. »Und dann?«

»Dann zog er mir die Aufkleber vom Gesicht, einen nach dem anderen. Und weil ich eine von den Blumen immer über dem linken Auge getragen hatte, ich mochte einfach meine linke Augenbraue nicht, war mein Gesichtsfeld wohl etwas eingeschränkt gewesen, und so sah ich ihn zum ersten Mal, wie er wirklich aussah, mit diesen Unmengen von kleinen Punkten auf seiner Stirn, und auf dem Kinn hatte er sie auch, seine Beine waren viel zu lang, seine Haare hatten überhaupt keine Farbe, und die Größe seiner Füße überstieg alles, was ich je an großen Füßen gesehen hatte. Ich fand ihn super, besser denn je. Und er sagte, dass es so doch viel bequemer für mich wäre, und er fände mich sowieso hübsch, mit oder ohne Blumenaufkleber. Dann holte er ein Taschentuch aus seiner Jacke, klebte alle meine Blümchen nebeneinander drauf und schenkte es mir.«

»Sie wollen mich doch verarschen«, sage ich, »Sie wollen mich doch nur dazu bringen, meine Birne abzulegen.«

Sie kommt auf mich zu, nimmt mir das Album weg, holt ein altes, vergilbtes Taschentuch mit verknitterten Blumenaufklebern drauf raus und noch ein Foto, da steht sie unter einem Apfelbaum, ganz ohne Blumen im Gesicht, und neben ihr, ihre Hand haltend, ein Junge, ein cooler Typ, aber völlig verwachsen. Sie grinsen in die Kamera, ganz aufgeregt, so, als hätten sie noch viel vor. Sie sind ein hübsches Paar.

»Was ist aus ihm geworden?«, frage ich.

»Steuerberater in Düsseldorf«, sagt sie.

»Sehen Sie ihn manchmal noch?«, frage ich.

»Nein«, sagt sie und lächelt traurig. »Vorbei ist vorbei.«

»Entschuldigung«, sage ich.

»Macht nichts«, sagt sie.

Sie trinkt von ihrer Fanta, setzt sich wieder neben mich und lehnt sich zurück.

»Und jetzt mach«, sagt sie, »weg mit der Birne. Ich schau auch nicht hin.«

Ich weiß nicht so recht. Ich weiß nicht, ich weiß nicht, ich weiß nicht. Mann, Mann, Mann.

»Nee«, sage ich, »so einfach ist das nicht.«

»Ich weiß«, sagt sie, »aber ich dachte, dass es einen Versuch wert ist.«

»Hat jetzt nicht so geklappt, wie Sie dachten, hm?«

Sie zuckt mit den Schultern und fummelt wieder an ihrem Kleid rum. Mir ist die Situation peinlich. Aber mir geht's besser. Das mit der Würde ohne Birne geht mir nicht mehr aus dem Kopf. Muss ich nochmal drüber nachdenken. Sie sieht auf dem Foto echt süß und glücklich aus, da wäre jeder Aufkleber ein Aufkleber zu viel, und sei er auch noch so winzig. Die Dinger hätte sie sich echt sparen können.

Ich sage ihr, dass ich jetzt losmuss. Sie nickt.

Ich sage ihr, dass ich drüber nachdenken werde. Sie nickt nochmal.

»Darf ich wieder vorbeikommen?«, frage ich.

»Das würde mich freuen«, sagt sie.

»Kann ich die Papiertüte haben?«, frage ich. »Nur so für alle Fälle?«

Sie gibt sie mir und auch einen Kuss auf meine Birne. Nur so für alle Fälle.

Eine Woche im Leben der Bettina B.

Warum es schon mal passieren kann, dass die Leute nicht wissen, wen sie vor sich haben. Warum jeder Tag anders ist. Und warum das keinen Grund zur Beunruhigung darstellt, sondern das Leben einfach nur aufregender macht.

Wenn man Bettina fragt, wie es ihr geht, hängt ihre Antwort davon ab, wer sie gerade ist. An dieser Entscheidung ist Bettina nämlich noch dran, und vermutlich schwankt sie nicht weniger exzessiv als andere Leute.

Erster Tag: Rockstar.
Sie trägt Stiefel und läuft mit großen Schritten die Straße entlang. Yeah. Die Haare sind toupiert und stehen nach allen Seiten ab. Der kurze Rock auch. Die Lippen rot, die Augen schwarz, hinter einer Sonnenbrille versteckt. Meine Güte. Seht sie euch nur an: was für eine Kanone. Die ist heiß, die darf man ohne Erlaubnis nicht anfassen, sonst wird's gefährlich, und man bekommt entweder einen Stromschlag oder einen Tritt in die Weichteile. Sie ist die geilste Person auf diesem Planeten, sie ist die bessere Courtney Love, und wer das nicht versteht, hat keine Ahnung. Denn das hier, ihr Leben, das ist Glam, das ist

35

Rock, das ist unfassbar laut, sehr aufregend. Und sie mittendrin.

Sie hat einen phantastischen Schuss.

Bettina bleibt vor einem Klamottenladen stehen, wirft ihre Haare zurück, sagt: »Come on, Baby«, und tritt die Tür ein. Ohne zu grüßen geht sie betont locker und mit einem ordentlichen Beat in den Hüften die Kleiderständer durch. Das ist jetzt extrem wichtig, auf keinen Fall zu grüßen gehört zu den Grundvoraussetzungen, wenn man ein Rockstar sein will. Ebenso wichtig ist, die Klamotten keines Blickes zu würdigen, sondern sie lediglich mit einem abschätzigen Gesichtsausdruck anzufingern. Das tut gut und hebt die Stimmung, wenn auch nur die eigene. Eine von den beiden unglaublich langweiligen und dösig dreinglotzenden Verkäuferinnen – alle außer Bettina sind langweilig und dösig – kommt auf den Rockstar zu und fragt, ob sie helfen kann. Bettina zieht ihre Sonnenbrille ein Stückchen nach unten, schaut da drüber, der Verkäuferin direkt in die Augen, sagt nichts, schiebt die Sonnenbrille wieder hoch und dreht sich zum nächsten Kleiderständer. Erst als sie sich komplett weggedreht hat, sagt sie:

»Nö.«

Die Verkäuferin kapiert, mit wem sie es hier zu tun hat, nämlich mit einem Rockstar, und geht zu ihrer Kollegin rüber, um ihr von dem Wahnsinnsmoment mit dieser unvergleichlichen Person zu berichten.

Bettina zündet sich eine Zigarette an.

»Entschuldigung!«, ruft die andere, ein bisschen ältere, aber genauso dösige Verkäuferin Bettina zu, »Entschuldigung, aber rauchen ist hier verboten!«

Bettina beachtet die Gans nicht. Dumme, dumme Gans. Pffh. Sie zieht an ihrer Kippe, schnappt sich ein T-Shirt vom Ständer mit den Einzelstücken und marschiert quer durch den Raum in Richtung Umkleidekabine. Als sie an den beiden Verkäuferinnen vorbeikommt, bläst sie ihnen Rauch ins Gesicht. Die Sonnenbrille sitzt perfekt.

Als zwei Minuten später der Geschäftsführer kommt, um Bettina rauszuschmeißen, schmeißt sie ihm dafür ihren Zigarettenstummel vor die Füße und das T-Shirt über den Kopf, sagt allen Anwesenden, dass sie sich ficken sollen, und verlässt unter lautem, verächtlichem Lachen den Laden.

Draußen warten die Fans. Was für ein Leben. Wahnsinn.

Zweiter Tag: Heulsuse.

Das Leben ist ein Riesenarschloch. Und alle sind gemein. Das macht Bettina unendlich traurig. Sie muss schon beim Aufwachen weinen, deshalb auf der Stelle heilig gesprochen und auch dringend getröstet werden, aber wer könnte das? Draußen ist es trist, falsch, draußen scheint die Sonne, aber drinnen, über ihrem Kopf, über ihrem Bett, einfach überall, wo sie auch hinsieht: Furcht erregende Wolken, die nichts versprechen.

Und sie steht auf und geht ins Bad und denkt: Warum?

Und sie setzt sich aufs Klo und pinkelt und denkt: Warum?

Und sie sieht in den Spiegel und putzt sich die Zähne und denkt: Warum?

Und sie steigt in die Dusche und dreht das Wasser auf und denkt: Warum?

Und sie macht sich die Haare nass und wäscht sie mit Apfelshampoo und denkt: Warum?

Und sie dreht das Wasser ab, steigt auf den Badezimmerteppich und denkt: Warum?

Und sie trocknet sich ab, und da, wo sie nicht schnell genug hinkommt, wird ihr kalt und sie denkt: Warum?

Und sie macht sich einen Handtuchturban auf den Kopf und zieht den Bademantel an und denkt: Warum?

Und sie geht in die Küche und ihre Mutter sagt Guten Morgen und sie denkt: Warum?

Und sie nimmt die Kaffeetasse in Empfang und setzt sich an den Küchentisch und denkt: Warum?

Und sie isst ein Marmeladenbrot, Erdbeermarmelade, sie beißt und kaut und schluckt und denkt: Warum?

Und sie geht in ihr Zimmer, nimmt den Turban ab, zieht den Bademantel aus und denkt: Warum?

Und sie zieht sich eine Hose an und ein T-Shirt und ein Paar Schuhe und denkt: Warum?

Und sie bringt das Handtuch und den Bademantel ins Bad, hängt alles ordentlich auf und denkt: Warum?

Und sie geht zur Tür, nimmt ihre Tasche, sagt Tschüss bis dann und ihre Mutter sagt ja, Liebes, tschüss und sie denkt: Warum?

Und der Weg zur Schule ist immer der gleiche und sie denkt: Warum?

Und der Tag ist ihr einerlei, sie bekommt einen Anschiss nach dem anderen und sonst gar nichts und denkt: Warum?

Und auf dem Weg in die Stadt trifft sie eine einäugige Katze und der Tim vom Schwimmbad lächelt ihr zu und sie denkt: Warum?

Und als sie ihr Fahrrad holen will, das sie gestern Abend hat stehen lassen, ist es platt und sie denkt: Warum?

Und sie schiebt ihr Fahrrad nach Hause und denkt: Warum?

Und es fängt an zu regnen, sie wird ganz nass und denkt: Warum?

Und als sie an den alten Leuten vorbeikommt, die immer am Fenster hängen, glotzen die wie die Ölgötzen und sie denkt: Was?

Und als sie das Fahrrad in die Garage schiebt und das Tor sich problemlos öffnet und wieder schließt, denkt sie: Warum?

Und als sie die Treppe zum Haus hochläuft, sieht sie links und rechts rote Johannisbeeren rumhängen und denkt: Warum?

Und sie steckt den Schlüssel ins Schloss und dreht ihn um und denkt: Warum?

Und sie legt ihre Tasche ab, vorsichtig, nicht, dass was kaputtgeht, und denkt: Warum nicht?

Und sie sagt Hallo zu ihrer Mutter und streichelt den Hund und macht den Fernseher an und wischt sich die Tränen ab und zieht die Nase hoch und denkt: Verkackte Scheiße.

Und sie glotzt durch bis zum Abend und geht ohne Essen zurück in ihr Zimmer und als ihr Vater sie fragt, warum, denkt sie: Eben darum.

Und sie zieht sich aus, legt sich in T-Shirt und Unterhose ins Bett, deckt sich bis oben hin zu und denkt: Und warum das alles?

Und als der Schlaf kommt, kurz bevor ihr die Augen zufallen, dreht sie sich in die Kissen, ganz tief rein, bis es tiefer nicht mehr geht, und dreht sich wieder zurück und spürt ihre Haare, wie sie ihr ins Gesicht fallen, und denkt: Was nochmal? Immer krieg ich nie was.

Dritter Tag: Terroristin.

Dass sich was ändern muss, ist klar. Dass es so nicht weitergeht, können alle sehen. Aber sie wollen es nicht sehen, sie sind stur und alt und vergnatzt. Bettina nennt sich ab jetzt Gudrun, und wenn das Telefon klingelt sagt sie:

»Ensslin.«

Sie muss dafür sorgen, dass die Leute VERSTEHEN, dass sie BEGREIFEN, dass es auf diese Weise nicht funktioniert, dass das Spiel so NICHT LÄUFT. Sie trägt einen engen, dunkelblauen Anzug, schwarze Herrenschuhe und ruft den Aleks an.

»Komm vorbei«, sagt sie, »es ist wichtig.«

Der Aleks kommt vorbei, er kommt immer, wenn·sie ruft.

»Hör zu«, sagt sie, »ich bin Gudrun Ensslin und du kannst Andreas Baader sein, aber nur, wenn du mit-machst.«

»Ich mach mit«, sagt der Aleks und schlüpft in den al-ten Anzug von Bettinas Vater, den sie schon rausgelegt hat. Setzt sich auch noch eine Sonnenbrille auf.

»Gut«, sagt Bettina, »ab jetzt wird nicht mehr geredet, könnte sein, dass uns jemand abhört.«

Der Aleks nickt. Sie schiebt ihm einen Zettel zu, auf dem Zettel steht:

Bürgermeister!

Der Aleks nickt wieder. Alles klar, machen wir.

Er schreibt zurück:

Jetzt gleich?

Bettina-Gudrun schreibt:

Ja.

Sie gehen los, unauffällig, immer an den Häuserwänden lang, zur Sicherheit. Im Rathaus ist nichts los, die beschis-senen Schnarchnasen sind lau wie immer. Sie schlängeln sich durch die Gänge, links gucken, rechts gucken, auf-passen, dringen bis zum Büro des Bürgermeisters vor. Zu-griff, wir gehen rein. Der Bürgermeister ist nicht da. Neu-er Zettel, Plan B:

Die Tante vom Empfang.

Der Aleks wirft den ersten Stein, das Glas ist stark, hey, Mann, das hält alles ab, macht nichts, Kinderkacke, egal, rein da und die graue Maus an den Stuhl gefesselt und ins Hinterzimmer gerollt. Die Maus will die Forderungen wissen. Bettina und Aleks sagen, dass alles anders werden muss, sonst setzt's was.

»In Ordnung«, sagt die Maus.

Na also, geht doch.

Sie lassen sie frei und zischen ab. Das musste jetzt mal einer tun.

Vierter Tag: Sportlerin.

Wichtige Vorhaben heute:

Zweimal um den See laufen. Fummel wegschmeißen. Zweimal um den See laufen. Alle zum Mitmachen auffordern. Sich gut fühlen. Das Lungenvolumen testen. Zweimal um den See laufen. Ein Springseil kaufen. Spaß muss sein. Hüpfen. Schneller hüpfen. Müsli essen. Mit Apfel und Banane. Zum Verdauen hinlegen. Nicht mit vollem Magen schwimmen gehen. Schwimmen gehen. Übungen machen. Bauch, Beine, Po. Zweimal um den See laufen. Irgendwie an Papas Expander rankommen. Die Hanteln auch noch. Das Zeug auf maximale Belastbarkeit testen. Zweimal um den See laufen. Sich endlich besser fühlen. Mindestens sechs Liter Wasser trinken. Zu verrückter Musik total ausgelassen tanzen. Kurz vor Geschäftsschluss in die Stadt rennen und dringend benötigte neue Turnschuhe kaufen. Qualm wegwedeln, wo immer er auftaucht.

»Könnten Sie bitte in meiner Gegenwart nicht rauchen? Danke.«

Faules, ungesundes Pack.

Nochmal um den See laufen. Perfekt.

Fünfter Tag: Ganz Frau.

Der Tag hebt an, sein Konzert zu geben, und Bettina ist ganz gerührt von der Schönheit und Pracht der Dinge, vor allem ihrer eigenen. Sie lässt sich aus dem Bett gleiten, streicht sich über die Schultern, streckt sich, blinzelt ins Licht, verführerischer geht's nicht, schürzt die Lippen, gibt einen gehauchten Laut von sich, wie zufällig ist ein Kätzchen da und schnurrt. Bettina kann heute unglaubliche Kurven an ihrem Körper feststellen und kleidet sich dementsprechend.

Am Abend gibt es folgende Situation:

Der Aleks ist wieder da, will Karten spielen und vielleicht noch fernsehen. So wie oft halt: mit Bettina rumsitzen, dummes Zeug erzählen und befreundet sein. Kriegt er heute aber nicht. Weiß er aber noch nicht. Und gibt die Karten aus. Pokern muss man früh üben, kann man ja später immer mal brauchen.

»Full House«, sagt er nach der ersten Runde, und Bettina sagt:

»Ach ja?«

Dann legt sie los. Rüttelt sich und schüttelt sich, schmeißt ihr Mäntlein hinter sich, wirft die Haare rum, sind die lang geworden, mein lieber Scholli. Sie reckt die Arme in die Luft, als müsse sie irgendeine Lampe festzwirbeln, da ist aber keine Lampe, sondern nur Luft, und die ist heiß. Sie lässt ihre Hände nach hinten kippen, verschränkt sie hinterm Kopf und lehnt sich zurück und schlägt die Beine übereinander, so in einer ganz bestimmten Art und Weise.

Der Aleks gibt derweil wieder Karten aus. Merkt nix. Sieht nicht, dass ihm gegenüber eine Bombe tickt.

Bettina lässt ihren rechten Arm hinter dem Kopf hervorkommen und nimmt ihre Halskette zwischen die Finger. Steckt sich den Anhänger in den Mund und knibbelt mit zwei Zähnen drauf rum, lutscht sogar ein bisschen daran.

Er beißt an.

»W-w-w-w-was is-s-sssn …«, sagt er.

»Nix«, sagt Bettina, lehnt sich nach vorne, löst die Beinverschränkung, biegt sich ganz über den Tisch, sodass ihr Oberkörper fast ihre Schenkel berührt, von denen einer rechts und einer links an ihr vorbeigeht. Dann Blick nach oben, Augenaufschlag, Haare nochmal schmeißen, fertig.

»Gib mal Karten«, sagt sie.

Der Aleks lässt den Stapel fallen.

Gewonnen!

So ist das manchmal, wenn Freitag ist und Bettina Bock drauf hat.

Sechster Tag:
Politische Denkerin und Tierschutzaktivistin.
Sehr geehrte Damen und Herren, wenn ich einen Moment um Ihre Aufmerksamkeit bitten dürfte, ich möchte etwas durchsagen:

§ 1   Alle Menschen sind gleich.

§ 2   Niemand darf leiden.

§ 3   Auch Tiere nicht.

§ 4   Kleine Tiere schon gleich gar nicht.

§ 5   Wer Pelze trägt, schlägt auch kleine Kinder.

§ 6   Redet miteinander.

§ 7   Ohne Che-Guevara-T-Shirt kommt hier keiner rein.

§ 8   Fidel-Castro-T-Shirt geht in Ordnung.

§ 9   Grundeinkommen für alle.

§ 10   Kosmetik ist zum Kotzen.

§ 11   Schmuck auch.

§ 12   Lederbänder dürfen sein.

§ 13   Trommelunterricht ab der 5. Klasse.

§ 14   Die Parteien werden abgeschafft, die FDP gleich mit.

§ 15   Hört auf zu träumen, macht lieber was.

HABEN DAS ALLE VERSTANDEN? Und: Pfoten weg. Bettina will nicht tanzen. Tanzen ist albern. Ja, verdammt, es gibt doch wirklich Wichtigeres.

Siebter Tag: Prinzessin.

Das Personal kann einem echt den letzten Nerv rauben. Es ist unfassbar, was denken die sich? Was glauben die, wer sie sind?

Sie besitzen die Frechheit, Bettina zu wecken, wo sie doch so gerne schläft.

Sie haben kein Schloss gebaut, sondern ein Einfamilienhaus mit Einliegerwohnung.

Sie wollen, dass sie in einen Opel steigt, dabei wäre eine Sänfte angemessen oder zumindest eine Kutsche.

Sie lesen Bücher von Peter Scholl-Latour und verstehen nichts von Lyrik.

Sie hören Radio.

Sie nennen sie »Du« und »Hör mal« und »Wird das heute noch was« und »Kannst du jetzt bitte abtrocknen«.

Aber heute wird Bettina I. zurückschlagen. Sie geht im Morgenmantel in den Garten, trägt dicke Klunker an den Ohren und setzt sich an den Teich. Auf einen der Steine, die sie aus dem Steinbruch hergeschleppt haben. Recht so. Sie trällert und pfeift und kümmert sich einen Scheißdreck darum, was sie die ganze Zeit von ihr wollen. Einfach mal alle Fünfe grade sein lassen, so wie sich das gehört für ihresgleichen. Mit den Fröschen spielen, mit den Libellen, die Vögelchen beobachten, die Sonne genießen, zerbrechlich sein, hübsches Kind. Rilke lesen, den ganzen Nachmittag, und auch ein bisschen Emily Dickinson. Dann, später, huscht sie auf die Terrasse, nimmt von der Limo und den Wurstbroten, herrlich schmecken die, und ach, wie durstig sie war. Beseelt lächeln und »Ich hab euch so lieb« sagen.

Auf goldene Röschen gebettet verabschiedet sich die Woche, und wieder war es eine gute.

Das Tier in mir

Warum es schön ist, es sich auf dem Fahrradsattel mal so richtig bequem zu machen. Was ein Schrank, die eigene Hand und der Bauchnabel damit zu tun haben. Der Körper. Spinnt der?

Sie liegt im Bett und schon geht die Kribbelei los. Es fängt mit einem heftigen Schluckbedürfnis an. Das Zeug sammelt sich am Gaumen und muss weg, also runter damit. Dann vibriert der Hals, die Schlagader meldet sich, weil das Herz so klopft. Das Blut fließt schnell, dröhnt am Ohr, und in der Brust erhöht sich die Temperatur. An den Fußsohlen kitzelt es, in den Kniekehlen auch.

Sie dreht sich auf die Seite, zieht die Beine an, umfasst mit beiden Armen ein Kissen, drückt es fest an den Bauch und starrt an die Wand. Augen zumachen geht gar nicht, da wird ihr schwindelig. An der Wand taucht ein Gesicht auf, das Gesicht kennt sie so nicht, aber einzelne Teile des Gesichts kennt sie sehr gut. Da sind die Augen des neuen, jungen Postboten, da ist die Nase des Sportlehrers, da ist der Mund von Olli. Diese drei Merkmale locken sie an, ziehen sie in einen Strudel und sagen nur einen Satz: Komm her. Komm näher, Baby.

Er liegt im Bett und denkt an Brüste. Überall Brüste. Kleine, mittlere, große, scheißegal, das geht komplett durcheinander, in seinem Kopf geben sich die Körbchengrößen die Klinke in die Hand, tanzen Ringelpiez mit Anfassen, galoppieren direkt in seine Körpermitte, und jawoll, wen haben wir denn da im Bett, darf ich vorstellen: der prächtigste Ständer Europas. Da ist ein glühendes Schwert, das die Bettdecke teilt, ein wilder Reiter auf den Laken, der hierhin und dorthin prescht, aber auch die Front des Gegners formiert sich neu, es kommen weitere Krieger hinzu, zwischen die Brüste drängen sich kurze Röcke, die im Wind nach oben und zur Seite wippen, heiliger Bimmbamm, plötzlich locken nicht mehr nur Glocken, sondern auch noch diese kleinen Falten, die bei den Mädchen zwischen Oberschenkel und Po lächeln. Und dann ist da noch die Kleine aus der Eisdiele, die immer so hohe Schuhe trägt. Es ist, als wäre er auf Ameisen gebettet. Toll.

Das Gesicht an ihrer Wand wird immer deutlicher. Auch wenn sie kurz die Augen zumacht, grade so lange, dass sie nicht in Ohnmacht fällt, ist es noch da. Und was da zwischen ihren Beinen abgeht, ist wirklich total verdreht. Das war schon heute Nachmittag kaum zum Aushalten, als sie mit dem Fahrrad zum Schwimmen gefahren ist. Sie hat nämlich einen neuen besten Freund: ihren Fahrradsattel. Zuerst dachte sie, den hätte jemand verstellt. Aber den hat keiner verstellt, an dem Sattel ist nichts anders. Was anders ist, ist sie. Sie hat jetzt eine Mitbewohnerin. Da ist ein Tier in ihr gewachsen, ein kleine, aber gefräßige Kreatur zwischen ihren Beinen. Und die Kreatur will was. Sie weiß noch nicht genau was, aber sie probiert halt mal aus. Und wenn sie dann so auf ihrem Fahrradsattel sitzt und die Füße in die Pedale treten, erzeugt das eine ganz bestimmte Art von Reibung, und zwar genau dort, wo danach verlangt wird, wo das Pelztierchen nach Nahrung schreit. Dann vergisst sie, wo sie eigentlich hin wollte, und fährt auch gerne nochmal um den Block.

Er dreht sich auf den Bauch und wie von selbst hat er die Hand am Abzug. Mit der anderen Hand fährt er zwischen Bettlaken und Bauchdecke und steckt sich den Zeigefinger in den Bauchnabel. Das mag jetzt ein Einzelschicksal sein, aber bei ihm scheint es da eine direkte Verbindung zu geben, zwischen der Tiefe seines Nabels und seiner Schwanzspitze. Es ist nur ganz minimal, ein winziges Kitzeln, aber eben nicht im Bauchnabel, sondern woanders. Und das Kitzeln kann völlig ausreichen, um die Armee aus Brüsten und Röckchen zu einer Zielscheibe zusammenwachsen zu lassen, zu seiner Favoritin: Ein blondes, barbusiges Mädchen, das in Stilettos und mit durchsichtigem Tennisrock auf einer Wiese steht, mit dem Arsch wackelt, und wenn sie lacht, werden ihre Brüste wie auf Knopfdruck größer und kleiner. Natürlich hat sie KEIN Höschen an.

Das Tier ist in Hab-Acht-Stellung. Es schnurrt und murmelt und sie sieht keinen Grund, warum sie es nicht füttern sollte. Mit der Olli-Sportlehrer-Postboten-Mischung im Kopf dreht sie sich von der Wand weg und legt sich auf den Rücken. Dann sagt sie dem Tierchen mit der linken Hand Guten Tag, weil die linke Hand von Herzen kommt. Und in dem Moment, in dem das Tier und ihre Hand anfangen, eine Einheit zu bilden, verschwimmt das Bild der drei Jungs an der Wand und wird zu dem, der sie immer besucht, wenn ihr abends heiß wird und sie alleine ist: irgendwer. Und auch, wenn es ein Klischee ist, von dem sie schon so oft gehört hat, dass sie es eigentlich nicht glauben wollte, sie fährt voll mit auf dem Dampfer des weiblichen Kopfkinos. Der Typ, der in Gedanken auf ihr draufliegt, hat kein Gesicht, den gibt es nicht, den würde sie niemals auf der Straße treffen, in Wahrheit ist es gar kein Typ, denn sie ist ja alleine. Aber irgendwas ist da, irgendwas fühlt sie und sie nennt es: Dr. Nagel. Und die Hand macht weiter und weiter und weiter, und Dr. Nagel ist wirklich ein ganz vorzüglicher Liebhaber, der macht alles, was sie will, der lässt sich Zeit, der rennt mit ihr um die Wette, schämen muss man sich bei ihm für gar nix, Dr. Nagel ist ja nur ein Name. Es fängt an zu kochen, und zwar nicht auf dem Herd, sondern ganz tief in ihr drin. Es beginnt zu zuckeln und zu ruckeln, es blubbert und sie schubbert, und dann kriegt sie eins auf die Nase, dann sieht sie Sternchen, aber es tut gar nicht weh, der Dr. Nagel macht das sehr gut, die Sternchen werden mehr, kann man vor Lust in Ohnmacht fallen? Ja, man kann. Sie liegt wieder auf der Seite und ihr Hirn ist ausgeschaltet, da ist es jetzt ganz finster, da dreht es sich um nichts mehr. Vielleicht noch darum, dass sie gestern früh ihren Kleiderschrank umarmt hat, weil man am Schlüsselloch so prima das Knutschen üben kann, und das ist jetzt wirklich nicht der schlechteste Tipp von allen.

Das Tier will schlafen.

Gute Nacht.

Wenn er mal so weit ist, und so weit ist er schnell, muss er sich nur noch ein bisschen hin und her bewegen. Und dann geht's kreuz und quer: Ficken, bumsen, blasen und alles auf dem Rasen, die Kleine steht unter einem Apfelbaum und lacht, wird aber erst richtig fröhlich, als er auf sie zukommt, da freut sie sich so, dass sie sich ihr Röckchen von der Hüfte reißt. Er reißt sich die Shorts runter und fasst ihr an den Busen.

Bewegt sich auf der Matratze hin und her und packt fester zu.

Der Apfelbaum wird zu einem Tisch und ruck, zuck

hat er sie da drübergelegt und die Hände auf ihren Rücken. So was sieht er gerne.

Er merkt, dass er nicht mehr viel Zeit hat, sein Gewehr ist bereit zum Abschuss, die Munition will raus.

Ab jetzt ist es auch egal, dass er ihr Lachen nicht mehr sieht, denn viel wichtiger ist, dass er ihren Arsch sieht, ihre Taille, ihren Rücken, die Hände rutschen nach vorne und sind schon wieder am Busen. Sie freut sich. Sie freut sich.

Schneller.

Er schiebt ihn rein, sie freut sich schon wieder, das kann er spüren, und er hört sie ja auch glucksen. Gut so. Es geht nur, wenn sie sich freut, sonst ist es scheiße.

Rein, raus, rein, raus, ficken, bumsen, blasen.

Rauf, runter, rauf, runter, rauf, runter, rauf, runter, seine Hand macht alles mit, alles, alles, alles:

Juhu!

Danke.

Er könnte schon wieder.

Und weil's so schön war, gibt's jetzt noch ein paar schöne, geläufige Synonyme zu dem nicht minder schönen Wort »Selbstbefriedigung«.

<u>Nur für Jungs:</u>
Sich einen von der Palme schütteln   Sitzt ein Affe auf einer Palme, unter der Palme steht ein Nilpferd. Das Nilpferd hat ganz enormen Hunger, und weil sonst nichts zur Hand ist, kriegt es Appetit auf den Affen.

»Komm mal runter«, sagt das Nilpferd zu dem Affen.

Aber der Affe ist nicht blöd, der weiß genau, was das Nilpferd vorhat, und sagt:

»Nee, mach ich nicht.«

Da wird das Nilpferd wütend und gleich noch hungriger und schüttelt die Palme so lange, bis der Affe runterfällt. Mahlzeit.

Einen runterholen Wenn es Herbst wird, kann es vorkommen, dass einem mal kalt ist. Wenn man dann nichts zu Hause hat, muss man sich was kaufen. Wenn der Klamottenladen gut sortiert ist, hat er meist viel zu bieten. Wenn es blöd läuft, liegt der beste Pulli von allen ganz oben im Regal. Dann nicht den Fehler machen und zur Verkäuferin sagen:

»Entschuldigung, können Sie mir bitte mal einen runterholen?«

Schrubben Was alles geschrubbt werden muss: der Fußboden, die Fensterscheiben, die Kochplatte, die Zähne, der Klodeckel, die Treppen, die Fußballschuhe, die Fingernägel, die Kirchenbank, das Deck, die Alte, der Dödel.

Die Pelle wemsen
Pelle, nordwestdeutsch für: Wursthaut.
wemsen, westdeutsch für: schlagen, aufs Maul geben.

Minigolf Den Schläger rausholen, aber den richtigen. Darauf achten, dass er auch geputzt ist und schön glänzt. Den Ball zurechtlegen. Das Ziel anvisieren. Ordentlich dreschen, in den immer gleichen, betonierten Bahnen kann nicht viel schief gehen. Einlochen. Sieger sein.

High Five Treffen sich zwei auf der Straße. Der eine hat heute schon eine Bank überfallen, zwei Autos zu Schrott gefahren und ein Haus verkauft. Der andere hat ein Kind gemacht, drei Heiratsanträge bekommen und die Wahl zum Mister Universum gewonnen. Weil es ein so erfolgreicher Tag war, beglückwünschen sie sich überschwänglich, klopfen sich auf die Schultern, versaufen all ihr Geld und springen vom Fernsehturm. Kurz vor dem Aufschlag grinsen sie beseelt und klatschen sich gegenseitig die Hände ins Gesicht.

Ein Schneegestöber veranstalten Der liebe Gott kann alles. Und wenn er schlecht gelaunt ist und von allen genervt, lässt er Wolken aufziehen, sammelt sie am Himmel, bis sie in dicken Brocken auf die Erde runterhängen, dann sagt er »bei drei«, zählt bis drei, und die ganze Welt ist mit Schnee bedeckt.

Mütze-Glatze spielen Mütze heißt Mütze, weil er eine Mütze aufhat. Glatze heißt Glatze, weil er eine Glatze hat. Wenn Glatze sich von Mütze die Mütze leiht, wird Glatze zu Mütze und Mütze zu Glatze, weil Mütze ohne Mütze nämlich auch eine Glatze hat. Verrückt.

Faustball Wichtig: Mit zwei Händen trifft man besser als mit einer.

Das Übel an der Wurzel packen
Mathematik: 5
Physik: 6
Chemie: 4–
Französisch: 6
Englisch: 6
Deutsch: 4
Biologie: 5
Geschichte: 5

Religion: 5
Sport: nie anwesend, keine Note möglich
Latein: 6
Kunst: 3
Verhalten: angemessen
Mitarbeit: ausreichend

Und wo müssen wir da ansetzen? Genau: bei der Mitarbeit.

Fünf gegen einen, und wer verliert, muss kotzen Eine Art Mutprobe: Einer steht in Unterhosen im Brennnesselfeld. Fünf stehen außen rum und lachen. Der Trick für den in Unterhosen ist, die Luft anzuhalten, dann tut es nicht weh, dann hält er durch und kann als großer Zampano aus dem Feld spazieren. Aber das ist noch längst nicht alles. Hat er die Brennnesseln erst mal hinter sich, muss er noch fünf hausgemachte Leberwürste essen.

Nur für Mädchen:
Sich selbst gehören Wem sonst? Ach ja, der Bank.

Spaß mit sich selbst Kommt mein Bein zu meinem Mund, feiern die beiden eine Party, haha, sagt mein Kopf zu meinem Arsch: »Du auch hier?«, haha, kitzeln meine Haare meine Füße, haha, rockt meine Niere mit meiner Leber, Wahnsinn, ziehen meine Hände mir das Fell über die Ohren, huhu, lustig. Lustig, lustig, lustig, was haben wir gelacht.

Rumdaddeln Bisschen hier gedrückt, bisschen da gedrückt. Und haste drei Gleiche gleichzeitig, haste gewonnen.

Die Erbse suchen Es war einmal eine Prinzessin, die lag auf einem riesigen Lager aus zehn Matratzen übereinander, warum, weiß keiner. Fest stand: Es war ihr unmöglich zu schlafen, solange sie diesen fiesen Druck im Kreuz spürte. Der Druck war ganz außerordentlich, irgendjemand musste ihr einen Streich gespielt und eine Erbse zwischen die Matratzen gelegt haben. Aber wo zur Hölle war das verdammte Ding? Sie musste was unternehmen. Und so fing sie an zu suchen und durchs Bett zu tollen, zerfetzte ihre Kissen und schmiss eine Matratze nach der nächsten aus dem Fenster. Am Ende einer aufregenden Nacht kam es dann, dass sie endlich auf die Hülsenfrucht stieß.

Die Hände in den Schoß legen und alle Fünfe grade sein lassen Nicht immer nur ausspannen und die Seele baumeln lassen. Arbeit auch mal sehen!

Ein Süppchen kochen Was eine gute Suppe so alles kann: ist gesund, gibt Kraft und macht einen warmen Bauch.

Die Maus klicken Je mehr Programme du beherrschst, desto schneller kommst du mit deiner Arbeit voran.

Die Luft aus den Reifen lassen Eines Tages beschloss sie, in die Wüste zu fahren. Sie brachte ihr Auto zum Kfz-Mechaniker, er sollte es prüfen und für die Fahrt auf weichem Sand fit machen. Der Mechaniker staunte nicht schlecht, als sie ihm erzählte, was sie vorhatte. Er baute ihr ein Moskito-Netz ein, einen Ventilator, einen Löwenkäfig und eine Selbstschussanlage. Um zu vermeiden, dass ihr Auto im Sand versinkt und am Ende noch die Räder durchdrehen, ließ er ihr ordentlich Luft aus den Reifen und wünschte gute Fahrt.

Das Kätzchen kitzeln Und irgendwann war Mohrchen völlig fertig und total überfordert mit der Situation, aber sie wusste nicht, wie sie Sabine klar machen sollte, dass dieses ständige Kitzeln ihr den Verstand raubte. Katzen brauchen doch auch mal Auslauf. Und Ruhe.

Am Eingang sitzen

Warum man jeden Abend raus muss, egal was passiert. Warum alles besser ist, als zu Hause zu sein. Und woher diese plötzliche Unruhe kommt.

Gleich vorweg: Ich hab nicht viel Zeit. Ich muss los. Mein Bus geht. Wenn ich den nicht kriege, verliere ich zehn Minuten. Zehn Minuten können entscheidend sein. Ich könnte was verpassen. Nicht dass es hier nicht okay wäre, bei meinen Eltern im Garten. Es gibt rund um die Uhr zu trinken und zu essen, es gibt einen Teich mit Seerosen und Goldfischen, über dem Teich segeln tagein, tagaus riesige Libellen, und hin und wieder wird die dicke Katze aktiv, fühlt sich jung und jagt wahlweise die Libellen oder die Fische und am Ende ist immer einer tot, aber die Katze ist es nicht.

Trotzdem, egal, was sonst noch Schönes in unserem Garten passiert, sobald es Abend wird, will ich weg. Ich komme mir inzwischen manchmal ein bisschen vor wie meine Oma, die immer anfängt zu rennen, sobald sie einen Bahnhof sieht, auch wenn sie gar nicht zum Zug muss. Es ist ein richtiger Zwang. Früher hatte ich das nicht, aber da war auch diese Party noch nicht passiert, neulich abends bei meinem Kumpel Assel, als es am Ende dunkel wurde, als einfach einer das Licht ausgemacht hatte und es doch tatsächlich die Möglichkeit gab, MÄDCHEN ZU KÜSSEN. Ich hab nicht wirklich gepunktet, nur ein bisschen, bei der Lisa konnte ich kurz landen, dann kam mir aber der Schnösel aus der Parallelklasse dazwischen, der Arsch. Trotzdem: Spitzenveranstaltung. Ganz große Klasse.

»Jan«, hat der Assel am nächsten Tag gesagt, »Jan, das war 'n Hammer, das muss es ab jetzt immer geben.«

Wir haben uns auf die Schultern geklopft und alles war abgemacht. Wir treffen uns nun jeden Abend an der Bushaltestelle und fahren los, egal wohin, Hauptsache, da sind noch ein paar andere Leute, Hauptsache, da ist es nicht zu hell, Hauptsache, da sind Mädchen. Und die sind immer irgendwo, wenn man nur draußen ist.

Der Assel wartet schon, aber jetzt bin ich ja da, der Bus sieht uns von weitem, beeilt sich, hält an, wir rein, ab geht die Post. Heißa, durchs wilde Kurdistan, tolle Frauen aufgepasst: Wir kommen. Wir sitzen hinten in der letzten Reihe, der Assel und ich, breitbeinig und affencool, aber unsere Beine wippen die ganze Zeit auf und ab, das kommt von der Aufregung, der Assel knautscht seine Kappe mit beiden Händen. Besser wäre es natürlich, vorne zu sitzen, direkt hinter der Windschutzscheibe, da könnte man die Nasen ans Fenster pressen und ALLES SEHEN. Aber das geht nicht. Wenn uns einer sieht. Wenn einer spitzkriegen würde, dass wir uns freuen, das wäre schlimm imageschädigend, Himmel nochmal, das wäre vielleicht scheiße. So sitzen wir also hinten und beratschlagen, wie wir heute vorgehen wollen. Um einen guten Plan zu entwerfen, braucht man ein Ziel. Unser Ziel ist klar, aber nicht eindeutig: Wir wollen was erleben. Wir wollen später in unseren Betten liegen und was mit unter die Decke nehmen, Gelächter, Gerüche und Herzklopfen. Das Gefühl, dass unsere Welt unendlich ist und alles möglich. Die Gewissheit, dass endlich was angefangen hat, was ganz Besonderes, das nie vergeht und das wir immer wieder abrufen können, wenn wir nur einmal den Bogen raushaben, wie.

Was das jetzt konkret heißt, können wir nicht sagen. Wie so eine Nacht aussehen muss, damit alles dabei ist, was wir brauchen, wissen wir nicht. Im Augenblick reicht es noch, einfach nur draußen zu sein und ordentlich die Nüstern zu blähen, alles mitkriegen ist erst mal das Wichtigste. Mädchen gucken. Manchmal denke ich, dass ich mehr als gucken gar nicht aushalten würde, dass ich eh platze, wenn mal mehr passiert, und dann wieder denke ich, dass ich alles aushalten kann. Der Assel sagt immer:

»Einmal, Alter, einmal wird eine Nacht kommen, die wird ganz groß, da werden wir die Helden sein, da werden wir Königinnen an unserer Seite haben, denen wird dann Hören und Sehen vergehen und allen anderen auch.«

So sagt er immer, und wenn er das sagt, hat er die Augen zu, macht ein wichtiges, geheimnisvolles Gesicht. Er sagt diesen Satz, seit uns sein Bruder mal eine Geschichte erzählt hat. Der Bruder arbeitet in England und ist ein cooler Hund. Als er ein bisschen älter war als wir jetzt, als er grade mit der Schule fertig war, haben er und sein Freund was gemacht. Sie haben sich einen alten Mercedes geliehen und sind losgefahren, in Richtung Osten, bis nach Lettland, bis in eine kleine Hafenstadt namens Engure. Der Hafen von Engure war vor nicht allzu langer Zeit noch militärisches Sperrgebiet gewesen, aber als die beiden Jungs dort ankamen, war da nicht mehr viel, nur eine Kneipe, die ziemlich verwahrlost daherkam. Sie gingen rein, weil sie sich vorgenommen hatten, alles mitzunehmen, was ihren Weg kreuzt und vielleicht ein Geheimnis bergen könnte. Drinnen saß ein Kellner, der aussah wie ein Halunke. Und die drei schönsten Mädchen der Welt.

Solche Mädchen hatten sie noch nie gesehen, die hatten Gesichter wie Milch und Sahne, Haare wie Samt und Augen wie Edelsteine. Do you speak english?, haben der Bruder vom Assel und sein Kumpel die Mädchen gefragt, und die Mädchen haben sie so verständnislos angesehen, dass sofort klar war: Das hatte noch keiner gefragt. Aber es war egal, denn kurz darauf lächelten sie so schön, dass es keine bessere Antwort hätte geben können. Sie tranken zusammen, die ganze Nacht, redeten kein Wort, denn das ging ja nicht, keiner hätte den anderen verstanden, aber sie lachten sich in die Gesichter, alle wurden immer beseelter und betrunkener auch. Es war ganz warm. Irgendwann gegen Morgen, als es schon fast hell wurde, konnte der Bruder von Assel nicht mehr. Es war alles zu viel für ihn gewesen, hatte er uns erzählt, die Mädchen wären zu schön gewesen und dann der Wodka, er hätte Angst gehabt, dass ihm die Seele explodieren würde, wenn er nicht aufpasst. Er winkte einmal in die Runde, packte seinen Kumpel am Schlafittchen und zog ihn raus. Sie legten sich ins Auto. Sie hatten noch nicht mal die Augen zugemacht, waren grade mal dazu gekommen, jeder kurz laut zu seufzen, als jemand an die Fensterscheibe klopfte. Es war eine der drei Schönheiten, und sie hatte die Lederjacke von Assels Bruder in der Hand. Hatte er drinnen vergessen. Assels Bruder hätte jetzt einfach das Fenster runterkurbeln können, die Jacke nehmen, Danke sagen und gut wär's gewesen. Aber Assels Bruder machte die Tür auf, stieg aus, nahm die Jacke, nahm die Braut in den Arm und küsste sie, so richtig mit drüberbeugen und den ganz großen Macker spielen, so hätte er noch nie eine geküsst, sagte er. Sie machte nicht viel, sie ließ sich einfach küssen, lächelte, drehte sich um und ging.

Am nächsten Morgen wachten Assels Bruder und sein

Freund auf, weil gut zwanzig Leute um den Benz rumstanden und reinschauten. Assels Bruder wischte sich übers Gesicht, legte den ersten Gang ein, ließ den Motor an, und sie fuhren weg, wieder Richtung Westen, zurück nach Hause.

Einmal wird eine Nacht kommen, die wird ganz groß, da werden wir die Helden sein, da werden wir Königinnen an unserer Seite haben, denen wird dann Hören und Sehen vergehen und allen anderen auch.

Wir sind da und steigen aus, nein, wir springen raus, hey, ho, let's go, Vorhang auf, die Show kann beginnen. Erst mal auf die Steine setzen, erst mal ankommen. Die Steine sind noch warm, wollen den Tag nicht so richtig loslassen. Wir bereiten uns gedanklich vor. Ich sage:

»Ob die Lisa kommt?«

Assel sagt:

»Mann, Jan, scheiß auf die Lisa. Bei der geht nix.«

Wir sitzen noch eine Weile und lassen sie alle an uns vorbeiziehen, das können wir ihnen gönnen, die holen wir schon ein. Ich schau die Füße an. In Turnschuhen, in hohen Hacken und Netzstrümpfen, in harten Lederschuhen, das finde ich pervers und abstoßend, in Riemchensandalen und weißen Söckchen, das sind mir die Liebsten. Links, rechts, links, rechts, zwo, drei, Eckstein, Eckstein, alles muss versteckt sein. Manche gehen schnell, so schnell, ich erwarte, dass gleich was Blödes passiert, dass einer stolpert und hinfällt. Manche gehen langsam, betont langsam, seht her, ich schlendere und hab vor gar nix Angst. Wir stehen auf, erst der Assel, dann ich, und machen große Schritte in bestem, wohlüberlegtem Tempo. Hektik können wir nicht gebrauchen, Hektik ist was ganz Albernes, hektisch sind die Erwachsenen, das ist lächerliches Getue.

Nächster Halt: Tankstelle. Der Assel meint, wir müssten einen Biervorrat haben, für alle Fälle. Es ist gut, den Assel zum Freund zu haben, der kümmert sich und kauft Dosen. Zwei kommen in meine Tasche, zwei in seinen Rucksack. Es ist wichtig, ein paar Dinge dabeizuhaben. Jeder noch einen Pulli, falls ein Mädchen mal friert. Dann können wir zaubern, ohne selber zu frieren und wie Deppen dazustehen. Mobiltelefone zum Nummernspeichern. Der Assel hat sogar immer noch eine Plastiktischdecke dabei, wir würden uns ja auch einfach auf die Wiese setzen, aber die Mädchen wollen das nicht. Und dann sind wir halt ausgerüstet.

Wir stellen uns an eine Straßenecke, von der aus wir alles gut beobachten können, holen zwei von den Dosen raus und machen sie auf. Nach der Hälfte verdreht sich mir das Gehirn. Ich sage:

»Assel, wir müssen weiter. Hier ist es mir zu hell.«

Der Assel nickt und versteht und wir gehen eine Kneipe testen. Durch die dunkle Gasse durch, ein paar Treppen hoch, am Eingang groß tun, drin sein. Ab jetzt: keine Zeit mehr verlieren, aber trotzdem cool bleiben. Das heißt für uns: ergebnisorientiert vorgehen. Einmal den Laden bis zum Ende ablaufen und wieder zurück, auf dem Weg beim Flipper hängen bleiben, alles wegballern, und mit keinem reden außer mit Chip und Lusche. Und, wie? Ja, Mann, klar, Mann, alles gut, alles groß, ja, ja, ja, Mann. Dann stellen wir uns an den Eingang, neben so eine große Truhe, von der keiner weiß, wofür sie eigentlich gut ist außer sich nebendran zu stellen und sich am Ende draufzusetzen. Der Platz auf der Truhe ist begehrt. Allein deshalb, weil er immer besetzt ist. Wir drücken uns näher ran, aber unauffällig. Der Assel macht das sehr gut, ich weiß nicht, wie das bei mir rüberkommt, aber ich glaube, es sieht okay aus. Die drei, die auf der Truhe sitzen, kennen wir nicht. Haben einen Bart, die Wichtigtuer. Mädchen laufen vorbei und gucken auf den Boden oder gackern und beachten uns nicht, werfen höchstens mal den drei Bartträgern auf der Truhe einen Blick zu. Aber die sollen sich mal nicht in Sicherheit wähnen und sich nicht zu früh freuen, gleich sitzen wir nämlich auf der Truhe. Der Assel macht seinen Trick und sagt zu mir:

»Mann, Alter, waren die scharf, die drei da draußen vor der Tür.«

Ich kenne meine Rolle und sage:

»Die drei Mädels von eben?«

Assel nickt und zieht die Augenbrauen hoch. Die Bartträger schauen schon.

»Superkurze Röcke«, sage ich.

»Ja, Mann«, sagt der Assel, »ja, Mann, das war echt Wahnsinn. Besonders die Rothaarige, der konnte man ja echt bis zum Anschlag schauen.«

»Wo wollten die noch gleich hin?«, sage ich, auf dem Sprung, hinterherzurennen.

»Hm«, sagt der Assel, »weiß nicht genau. Sind nach links gegangen und haben was von Männer aufreißen erzählt …«

Die Bartträger rutschen von der Kiste, der eine schubst den anderen, die können gar nicht schnell genug durch die Tür.

Yes. Wir sitzen. Und der Assel sagt:

»Deppen. Volldeppen.«

»Ja«, sag ich, »Schwachmaten«, sag ich und dann geht die Tür auf. Zu Hilfe. Die Schwester von der Emily. Die große. Sie heißt Anouschka und ist eine Lady. So nenn ich sie heimlich auch immer: Lady. Manchmal stell ich mir vor, wie es wäre, wenn sie mich ansprechen würde. Aber das ist kaum auszuhalten, schon wenn ich ihr Gesicht vor Augen habe, wird mir ganz schwummerig, und meistens breche ich den Vorgang dann ab, was zu viel ist, ist zu viel. Sie geht an uns vorbei, natürlich sieht sie uns nicht, aber sie bleibt im Türrahmen zum nächsten Raum stehen, weil sie da eine Freundin getroffen hat. Die Freundin ist so lala, aber die Lady, die ist echt brutal. Das Schönste an ihr ist ihr Mund, der sieht wirklich aus wie eine Kirsche, nur größer, und wie die gucken kann, ist verrückt. Die kann gucken, ich hab keine Ahnung, wie sie das macht, aber da fährt's mir richtig rein, genau dahin, wo mein Gürtel sitzt, und dann pocht es so, und meine Gürtelschnalle wird ganz heiß. Ich schau weg, der Assel merkt das, knufft mich in die Seite und sagt:

»Du Pfeife.«

»Schnauze«, sag ich und spiele an meiner Gürtelschnalle rum, die müsste dringend mal gekühlt werden.

Ich schau wieder hin.

Und wieder weg.

Und wieder hin.

Wir sitzen auf der Truhe.

Ich schau zur Tür.

Kommt keiner rein. Aber, um Himmels willen, die Lady gibt ihrer Freundin einen Kuss auf die Wange, sagt irgendwas und kommt zum Assel und mir rüber.

»Hey«, sagt sie.

»Hey«, sagt der Assel.

Ich sag nix, fass mir lieber an den Gürtel. Sie steht direkt vor mir und schaut mich an. Soll ich was sagen? Wartet sie, dass ich was sage?

»Na?«, sagt sie.

Ich zucke mit den Schultern. Mein Gürtel.

MEIN GÜRTEL!

»Meine Schwester macht am Freitag 'ne Party«, sagt sie zum Assel.

»Kommt ihr da auch?«, sagt sie zu mir.

Atmen nicht vergessen.

»Ja, ja, klar«, sag ich, »klar, kein Problem, können wir schon machen, mein Gürtel.«

»Was?«, sagt sie. »Dein Gürtel? Was ist denn mit deinem Gürtel?«

Hab ich mein Gürtel gesagt?

»Äh, Quatsch«, sag ich, »nicht mein Gürtel, deinen Gürtel mein ich, der, der, der ist cool, echt, cooler Gürtel.«

Ich sehe, wie der Assel seine Augen verdreht, aber sie sieht es zum Glück nicht, weil sie auf ihren Gürtel schaut und sagt:

»Ja, ne? Der ist auch neu.«

Auf dem Gürtel steht: Anarcho-Elvis.

»Hm«, sagt sie, »dann geh ich jetzt mal rein. Wir sehen uns ja Freitag, gell?«

Und ab durch die Tür, Wiedersehn, bis Freitag.

Mein Gürtel glüht.

Wir sitzen noch ein bisschen auf der Truhe rum, der Assel redet mit dem und dem, und dann sag ich, dass ich für heute genug hab. Ich sag nicht, dass ich um elf zu Hause sein muss.

»Ich auch, Alter, ich auch«, sagt der Assel.

Wieder runter von der Kiste, raus aus dem Laden. Wir stehen dann noch ungefähr eine Stunde draußen vor der Kneipe auf der Straße rum, auch wenn wir uns damit ganz sicher einen Riesenanschiss der Elterngeneration einhandeln, aber ich kann nicht gehen, ohne darauf gewartet zu haben, dass die Lady vielleicht nochmal rauskommt.

Einmal wird eine Nacht kommen, die wird ganz groß,

da werden wir die Helden sein, da werden wir Königinnen an unserer Seite haben, denen wird dann Hören und
Sehen vergehen und allen anderen auch.

Sex, Lügen und Videoclips

Warum in Film, Fernsehen und bunten Heftchen immer gefickt wird. Ob das irgendwem nützt. Und was sie eigentlich von dir wollen.

Da stehen vier Jungs in der Ecke und stecken die Köpfe zusammen. Sie sind ein bisschen hektisch, schauen sich immer wieder um, sagen »geil!« und »Alter!« und machen sich mit irgendwas die Taschen voll. Dann gehen sie alle schnell nach Hause.

Welchen Lesestoff teilen sie unter sich auf?
- a) Lucky Luke
- b) 100 Jahre Einsamkeit
- c) Heftchen mit obszönem Inhalt
- d) den Otto-Katalog

Da sitzt die Partygesellschaft vor dem Fernseher, die Eltern sind nicht da, haben aber vergessen, ihre Videokassetten wegzupacken. Die Partygesellschaft grölt und lacht, ab und zu hält sich einer die Hand vor den Mund, alle fünf Minuten steht ein Mädchen auf und geht in die Küche. Die Jungs bleiben den ganzen Abend vor dem Fernseher sitzen, obwohl sie dringend mal aufs Klo müssten, insgesamt gehen sie heute aber recht früh nach Hause.

Was wird geguckt?
- a) Die Straße der Lieder
- b) Jetzt wird's schmutzig I–III
- c) James Bond
- d) Lindenstraße

Das Mädchen hat einen langen Pulli und dicke Socken an, um sie rum ist eine Wolldecke, links die Mutter, rechts der Vater, auf dem Fußboden vor dem Kamin liegen die Schwester und der Hund, der Fernseher läuft. Und schon wird es unangenehm. Der Vater sagt »also, so was, ts, ts, ts«, die Mutter sagt »die fressen sich ja gleich auf«, kriegt aber sofort feuchte Augen, das Mädchen schaut in die Luft, windet sich ein bisschen und geht pinkeln. Der Hund glotzt aus dem Fenster, die Schwester tut so, als ob sie schläft.

Was läuft im Abendprogramm?

a) Komissar Rex
b) Bully-Parade
c) Spiegel-TV-Reportage
d) 9 ½ Wochen

Alle starren gelangweilt auf die Mattscheibe, so wie jeden Abend um die Zeit. Sie stopfen Chips und Eiskrem in sich rein, und einer sagt:

»Wie heißt die noch gleich? Wo kommt denn der Typ plötzlich her? Und sind die nicht verwandt?«

Was schauen sie an?

a) Marienhof
b) Verbotene Liebe
c) GZSZ
d) Nachrichten

Zwei Freundinnen im Sportgeschäft. Die eine probiert Turnschuhe an, die andere Jacken. Das Zeug passt nicht richtig und ist eh viel zu teuer, aber sie bleiben doch noch ein bisschen und schauen immer wieder in die rechte obere Ecke des Ladens.

Warum gehen sie nicht?

a) An der Decke hängt ein großer Fernseher, in dem ein Snoop-Dog-Video läuft
b) Jemand schmeißt Schokolade vom Himmel
c) Das Raum-Zeit-Kontinuum verschiebt sich
d) Es steht ein Pferd auf dem Flur

Es ist Mittwoch und Onkel Bernd wartet auf die Harald-Schmidt-Show. Noch eine Minute. Dann wird ihm ganz komisch.

Was ist passiert?
a) Stefan Raab hat die Wohnungstür aufgetreten
b) zu viele Kartoffelchips
c) Die Harald-Schmidt-Show wird von Schöfferhofer Weizen präsentiert, und »das hat so schön geprickelt in meinem Bauchnabel ...«
d) ein Erdbeben

So. Wer alles richtig geraten hat, kriegt die Telefonnummer von Pamela Anderson oder Robbie Williams und darf sich ein Geschenk abholen.

Aber jetzt mal im Ernst: Gefickt wird ja überall. Wo man auch hinschaut, auf die Leinwand, in den Fernseher, an die Kioske, in die Pornoheftchen, alle sind nackt und machen irgendwelche Sachen. Manchmal sieht man es gerne, manchmal geht es einem auf die Nerven, je nach Verfassung, je nach Gesellschaft. Ein Mädchen, das gemeinsam mit ihrer Freundin eine Liebesszene von Ethan Hawke und Julie Delpy sieht, fühlt sich anders als ein Mädchen, das genau die gleiche Szene mit ihrem Mathematiklehrer sieht. Einem Jungen, der sich einen Porno anschaut, wird alleine wohler sein, als wenn plötzlich seine Freundin in der Tür steht oder gar seine Mutter. Wer grade verlassen wurde, möchte nicht mal auf einem Werbeplakat für Fruchteis ein knutschendes Paar sehen, wer aber in dem Moment, wo das Plakat auftaucht, selber knutscht, der wird zu beschäftigt sein und es gar nicht wahrnehmen. Natürlich kann es auch sehr sexy sein, andere beim Sex zu beobachten. Nicht nur wegen der einfachen Tatsache, dass es da Körperteile und -öffnungen zu sehen gibt, die, und so billig funktionieren wir nun mal, direkte Signale von unseren Augen in unseren Unterleib schicken, sondern auch, weil wir beobachten. Beobachten ohne selber gesehen zu werden hat den allerhöchsten Kribbelfaktor. Weil es heimlich und so schön verboten ist. Da kann man dann schon mal vergessen, dass die beiden auf der Leinwand einen gar nicht sehen können, weil sie ja gar nicht echt sind. Und schon geht der Betrug los. Fast alles, was Sex in Bildern festhält und als echt verkauft wird, ist gelogen. Kaum jemand zeigt, worum es wirklich geht. In Liebesfilmen wird nie richtig gefickt und in Fickfilmen wird nie richtig geliebt. In Foto-Love-Storys hört es immer auf, sobald der BH gefallen ist, in Musikvideos fällt er im Takt, und das tut er sonst nie, außer im Striplokal, und da ist es auch nicht echt. In der Werbung wollen sie dir ein Produkt andrehen, Menschen, die in Talk-Shows über ihre Sexualität quatschen, wollen berühmt und beachtet werden oder einfach nur Geld verdienen. Liebe als Liebe und Sex als Sex kann keiner abbilden, ohne dass was hinten runterfällt. Sie wollen Dinge, die unsichtbar sind, sichtbar machen. Sehnsucht, Begehren und Verlangen kann man aber nicht sehen, außer in den Augen eines liebenden Menschen. Und Liebe kann keiner vorspielen, nicht mal ein Oscar-Preisträger.

Die, die dich glauben machen wollen, hier ginge es um was Wichtiges, hier gäbe es was zu sehen, nutzen dafür dieses Kribbeln, das du spürst, wenn du was beobachtest.

Deshalb machen sie im Porno einfach den Gärtner zum Bock, deshalb legen sie im Liebesfilm die Frau im Nachthemd aufs Klavier und blenden dann aus, es sei denn, die Bettdecke ist drüber, in der Soap zerrt die Sybille ihren Mitbewohner Tom aufs Sofa, und danach wird Multivitaminsaft getrunken und noch ein bisschen gekuschelt oder über den neuen, geilen Job in der Agentur geredet. Im Werbespot hat die heiße Alte oben ohne entweder ein Duschgel in der Hand oder eine Packung Margarine. Ich muss doch sehr bitten. Und in der Bravo wird ständig über Petting geredet, und dass man das erst mal ausgiebig tun soll, bevor man miteinander schläft, und alle sind schon total nervös, aber keiner weiß genau, was das ist, Petting. Hier, ein für alle Mal: den anderen überall anfassen, bis es ihm kommt. Und das beknackte P-Wort ist ab heute aus dem Wortschatz gestrichen.

Zurück zur Lüge. Es gibt noch ein paar Dinge klarzustellen. Es ist nicht wahr, dass Frauen immer Unterwäsche, Schuhe oder Strapse tragen, wenn sie mit Männern schlafen. Sie sehen auch nicht immer gut aus dabei. Sie bewegen sich, wie sie wollen und nicht nach einer Licht-Schatten-möglichst-keine-Bauchfalten-Choreographie. Männer auch nicht. Wer morgens mit Schminke im Gesicht aufwacht, kriegt Pickel. Wer nach einer wilden Nacht mit frisch geföhnten und gekämmten Haaren aufwacht, hat entweder keinen Spaß gehabt oder ist sonst irgendwie zwanghaft veranlagt. Und niemand reagiert wie im Drehbuch, wenn seine Seele verletzt wird. Nur wenige sind in so einem Moment in der Lage auszurasten, eine Szene zu machen oder tolle, durchdachte Vorwürfe. Die meisten starren einfach nur vor sich hin und haben Angst. Da entgleisen dann auch schon mal die Gesichtszüge, das sieht nicht immer schön aus. Das darfst du nie vergessen.

Denk immer daran, dass du niemals einem Menschen begegnen wirst, der so ist wie die, die überall abgebildet sind. Echte Menschen sind immer anders, sie lassen sich in keine Rollenbeschreibung pressen, Mädchen tragen nicht alle Größe 36 und Jungs nicht alle einen Waschbrettbauch. Sie reagieren mal wild und unberechenbar, mal irre langweilig, sie sehen jeden Tag anders aus, mal gut, mal schlecht, und einem Kuss muss nicht immer gleich Sex folgen. Und, Jungs: Die Größe spielt wirklich keine Rolle. Sie ist sogar scheißegal.

Aber nicht nur Bilder können lügen, sondern auch Worte, besonders, wenn es um Liebe geht. Also pass immer auf, sei immer schön wachsam, wenn dir einer was zeigt oder erzählt. Glaub nicht einfach, was du siehst oder hörst oder liest, auch das hier nicht. Verlass dich nur auf das, was du fühlst. Versprochen?

Sind das deine?

Warum Eltern manchmal so schwierig sind. Warum sich Peinlichkeiten nicht vermeiden lassen. Und wie am Ende doch noch alles gut werden kann.

Damit eines klar ist: Meine Eltern und ich, wir lieben uns. Die diplomatischen Beziehungen zwischen unseren beiden Ländern sind völlig intakt, wir telefonieren fast täglich miteinander und es gibt selten Unstimmigkeiten, falls der Ton aber doch mal schärfer wird, werden wir sofort von Präsidenten zu Außenministern und klären die Probleme unverzüglich, bis alle im Auswärtigen Amt wieder zufrieden sind.

Aber das war nicht immer so. Wir hatten schlimme Kämpfe auszufechten, mit schmerzhaften Verlusten auf beiden Seiten.

Der erste Kampf, an den ich mich erinnern kann, drehte sich um einen roten Nickipullover. Mir war es wichtig gewesen, den Pullover alleine anzuziehen, mich dieser Herausforderung ohne fremde Hilfe zu stellen. Blöd war, dass ich zu dieser Zeit grade mal vier Jahre alt war und einfach noch nicht in der Lage, einen Pullover richtig anzuziehen. Ich trug ihn auf links und auch noch verkehrt herum und wollte mich partout in dieser Tracht auf den Weg in den Kindergarten machen. Meine Mutter hielt das für keine gute Idee, zog mir den Pullover an der Haustür wieder aus, drehte ihn auf rechts und einmal um und versuchte mich dazu zu bewegen, die Arme zu heben. So im

Unterhemd dastehend fühlte ich mich erniedrigt und unverstanden, zog meine Truppen zusammen und fing an zu plärren. Auch meine Mutter hob die Stimme, denn es war schon zehn vor Kindergarten, und wir liefen Gefahr, zu spät zu kommen. Sie wollte mir dringend meinen Pullover anziehen, und zwar richtig rum. Ich wollte das nicht. Eine verzwickte Situation. Ein verdammtes Dilemma. Meine Mutter – diplomatisch schon immer sehr stark – versuchte es so:

»Was wollen wir denn jetzt machen?«

Ich kleiner Hitzkopf, unter Zuhilfenahme einer beeindruckenden Tränenfontäne:

»Mone leine machen! Mone leine machen!«

Ich wollte es einfach alleine machen, ohne Verbündete in diese Schlacht ziehen, auf keinen Fall Rücksprache halten. Wer in unserem Streit die Rolle des Schurkenstaats innehatte, muss ich wohl nicht erklären. Wir schrien uns noch ein bisschen an, ich schrie zugegebenermaßen lauter als meine Mutter, behielt am Ende die Oberhand und ging schlecht angezogen, aber voller Genugtuung in den Kindergarten.

Was die Stylingfrage anging, stritten wir uns im Laufe der folgenden Jahre noch häufiger, es ging etwa darum, ob ich nun wirklich als Prinzessin und Zorro in einem verkleidet auf die Karnevalsparty meiner Freundin Uli sollte oder nicht, insbesondere, wo das Motto doch »Zirkustiere« hieß. Oder darum, ob drei Second-Hand-Unterröcke, zerrissene Netzstrumpfhosen, Cowboystiefel und schwarze Lippen in der Schule angebracht sind oder nicht. Als ich eine Zeit lang grundsätzlich zwei verschiedene Schuhe zu meiner Zahnspange trug, hörte ich meine Mutter irgendwann mal sagen:

»Ach du Scheiße.«

Ich ignorierte das und das Herz meiner Mutter war groß genug, mich immer Sieger bleiben zu lassen. Zu einem letzten Mode-Eklat kam es jedoch, als meine Oma mal meine Jeans flickte. Ich hatte sie in mühevoller Kleinarbeit mit der Eisenfeile meines Vaters an allen Ecken und Enden aufgerieben, das hat mich wirklich Nächte gekostet. Und am Tag, bevor meine Oma ihren Besuch bei uns beendete, fand ich eben diese kunstvoll zerstörte Jeans über meinem Stuhl, fein säuberlich zusammengelegt und mit einer unentfernbaren Marienkäferapplikation auf jedem einzelnen Loch. Ich stürmte in die Küche und stellte meine Oma und meine Mutter zur Rede. Meine Oma war am Boden zerstört und jammerte rum, dass sie mir doch nur eine Freude machen wollte, dass sie einfach dachte, ich wollte gerne Marienkäfer auf meiner Punkhose haben, dass sie meinte, so was gehört zu haben. Meine Mutter sagte nichts und räumte verdächtig grinsend die Spülmaschine ein. Ich gab auf, ließ meine Klamotten fortan einfach so, wie sie waren, und wurde ein großer Fan von Verschwörungstheorien.

Damit waren die Zeiten, in denen sich meine Eltern für mein Outfit schämen mussten, vorbei. Aber noch bevor ich dreizehn Jahre alt wurde, hatte ich angefangen, mich für meine Eltern zu schämen. Nicht dass sie mir dafür einen besonderen Grund gegeben hätten. Sie hatten sich nicht verändert. Aber ich hatte mich verändert. Ich hatte mit dem Eintritt in die Pubertät nur noch eines im Sinn, meine Eroberungspläne konzentrierten sich einzig und allein auf ein Land, ein Land, in dem Eltern nichts verloren haben: Jungs. Ich wollte nur noch Jungs. Und da sind Mütter und Väter nun mal hinderlich, das ist ein diplomatisches Parkett, auf dem sie sich nicht bewegen können, weil sie sich dort nicht bewegen müssen, weil sie ihre

Schäfchen im Trockenen haben, sie haben ja schon jemanden gefunden, den sie lieben und ehren können bis ans Ende ihres Lebens, sie können sich kleine Ungeschicklichkeiten leisten. Ich konnte mir gar nichts leisten. Ich fing ja gerade erst an zu suchen. Und zwar richtig. Ich küsste jeden, den ich traf, und rückte immer sofort meine Telefonnummer raus. Eines Tages passierte dann, was irgendwann passieren musste: Es rief einer an. So gegen Nachmittag, als ich gerade pinkeln war. Ich saß auf der Schüssel, hörte das Telefon klingeln, hörte meine Mutter rangehen und in einem Ton »ja?« sagen, der unmissverständlich klar machte, dass der Anrufer ihr nicht bekannt war. Es musste für mich sein. Ich wurde hektisch, betätigte die Spülung, zog geschwind meine Hosen hoch und raste mit offenem Reißverschluss zum Telefon, aber es war schon zu spät. Ich hörte meine Mutter grade noch sagen, dass der junge Mann doch bitte in einer Dreiviertelstunde nochmal anrufen möge, ich würde auf dem Klo sitzen und sie wüsste nicht, wie lange es noch dauert. Klick. Ich war außer mir.

»Wie konntest du so was sagen?!?«, keifte ich meine Mutter an.

»Was sagen?« Meine Mutter tat ahnungslos.

»DASS ICH AUF DEM KLO SITZE!«, schrie ich.

»Aber du warst doch auf dem Klo«, sagte meine Mutter.

»Hast du schon mal einen Film gesehen, in dem die Hauptdarstellerin auf dem Klo sitzt?«, fragte ich sie.

Sie dachte einen Moment nach.

»Nein«, sagte sie, »aber du bist ja auch kein Filmstar, du bist meine Tochter.«

»Wenn ein Junge anruft«, sagte ich, »bin ich aber ein gottverdammter Filmstar!«

»Das kann ich nicht akzeptieren«, sagte sie. »Im Übrigen glaube ich, dass Jungs keine Filmstars wollen, sondern ganz normale Mädchen, die auch mal müssen.«

Ich sah das anders. Ich wollte kein normales Mädchen sein, das ständig aufs Klo rennt, ich wollte eine Königin sein, eine mit allen Wassern gewaschene Göttin, die niemals etwas Banales tut.

»Dann lass uns wenigstens eine Sprachregelung finden«, sagte ich.

Wir vereinbarten, dass sie in der nächsten Toiletten-Situation zu dem Anrufer sagen würde, ich wäre grade im Keller, Möbel abschleifen, und er sollte sich bitte einen Moment gedulden, sie müsste erst mal nachsehen, ob ich meine Arbeit unterbrechen könnte. Dadurch würden wir ihn ein bisschen zappeln lassen, was meiner Mutter gefiel, und mir würden Peinlichkeiten erspart werden, was wiederum mir gut gefiel.

Sie hat sich kein einziges Mal daran gehalten. Und der Typ hat nie wieder angerufen. Ich wusste nicht mal, wer er war, denn meine Mutter hatte selbstverständlich seinen Namen vergessen.

Meine Mutter hatte in der Machen-wir-unserer-Tochter-das-Erwachsenwerden-so-peinlich-wie-möglich-Mission einen engen Verbündeten: meinen Vater. Mein Vater ist wirklich der niedlichste, lustigste und herzerwärmendste Vater, den ich kenne, aber gerade darin bestehen seine Tücken. Er kann einen mit dem süßesten Lächeln der Welt dermaßen in die Scheiße reiten, dass es Orte gibt, an denen man sich garantiert nicht mehr blicken lassen kann, wenn der Herr Papa seine Finger drin hatte. Ein großes Problem war, dass auch ich meinen Führerschein erst mit 18 machen durfte, leider in einem Kaff wohnte und ja schließlich auch mal ausgehen musste. Die nächste kleine Stadt war zwanzig Minuten Autofahrt oder eine Dreiviertelstunde Busfahrt entfernt, und viel zu sehen gab es nicht, trotzdem war es das Aufregendste der Welt, abends dort zu sein. Um hinzukommen, gab ich mir den schrecklichen und unendlich langsamen Bus, um pünktlich vor Mitternacht zu Hause zu sein, hatte ich drei Möglichkeiten:

1. Ich konnte den Bus um Viertel nach elf nehmen, ängstlich und laut singend von der Bushaltestelle zu unserem Haus rennen und nebenbei zu den armen Idioten gehören, die um elf losmüssen und von denen dann alle sofort wissen, dass sie auf dem Dorf wohnen.

2. Ich konnte ab neun Uhr meinen Abend damit verbringen, jemanden aufzutreiben, der über 18 ist, mich nach Hause fährt, und zwar vor zwölf. Dem musste ich dann vorher noch klar machen, dass es hier nicht darum geht, im Auto zu fummeln, und nebenbei gehörte ich so noch deutlicher wieder zu den armen Idioten, von denen alle sofort wissen, dass sie auf dem Dorf wohnen.

3. Ich konnte aber auch das Angebot meines Vaters annehmen, das besagte: Papa holt dich immer und überall ab.

Ich entschied mich gewöhnlich für Möglichkeit Nummer 3, Nummer 2 war mir immer zu anstrengend gewesen. Den Bus hab ich nur ein einziges Mal genommen, was gründlich in die Hose ging, weil ich statt »FC Bayern München« lieber »Eintracht Frankfurt« an die von innen beschlagene Scheibe geschmiert hatte. Das brachte mir Hohn und Spott ein und einen gewaltsam hervorgerufenen Knutschfleck an meinem Hals, der mein Gewebe so nachhaltig zerstört hat, dass man ihn bei ungünstigen Lichtverhältnissen heute noch sehen kann. Nach diesem Erlebnis fiel der Nachtbus endgültig durch. Ich hielt mich also meistens an meinen Vater, und das ging so: Ich durfte bis zwölf in der Kneipe bleiben, verabschiedete mich dann unauffällig und schlich zu einem heimlichen Treffpunkt, an dem mein Vater schlafend im Auto wartete. Ich hatte nie drüber nachgedacht, was ich ihm da eigentlich zumutete und was er für mich tat, indem er mir immer einen derart eleganten und gefahrlosen Abgang ermöglichte. Ich schiss drauf, dass er mir zuliebe seinen Schlaf vor Mitternacht drangab, und hielt es für selbstverständlich, ich hatte schließlich genug andere Probleme, denn ich wollte die coolste Sau von allen abgeben. Ich zwang mich, so unfreundlich wie möglich zu sein, ein böser Blick galt als Zier und extrem schick. Mit nach unten gezogenen Mundwinkeln in der Ecke zu hängen war das Nonplusultra, alles scheiße zu finden war eine Grundvoraussetzung für gesellschaftlichen Aufstieg, lächeln ging gar nicht, je dunkler die Kneipe war, desto besser, und wer es dann noch schaffte, seine Umgebung in tiefem Schwarz erstrahlen zu lassen, hatte gewonnen. Wir waren Fürsten der Finsternis und hielten anthrazit für eine Pastellfarbe. Und dann, eines Abends, als meine Freundin Betty und ich uns gerade schweigend und wunderbar abweisend auf einem Sofa fläzten, kam einer auf uns zu, der bestimmt schon zwanzig war und ganz toll. Er setzte sich zu mir auf die Armlehne und sagte:

»Du bist doch die Simone, oder?«

Ich machte vor Freude fast ein Bächlein, ließ mir aber nichts anmerken und sagte:

»Ja. Und?«

»Äh«, sagte er, »ich glaub, dein Vater steht da vorne an der Theke und sucht dich überall.«

Um Gottes willen. Ich krallte mich an Bettys Arm fest. Schweißausbrüche.

»Kann nicht sein«, sagte ich und legte die Stirn in fiese Falten. Kann nicht sein, dachte ich, und: bitte nicht. Bitte, bitte, Papa, das ist jetzt nicht wahr, oder?

»Doch, doch«, sagte der Typ, »der hat sich grade ein Bier bestellt und fragt jeden, ob er dich kennt.«

Jetzt war mir wirklich nach einem Bächlein, aber nicht vor Freude.

»Na, dann schau ich mir das mal an«, murmelte ich und bemühte mich, meine Hängende-Schultern-Haltung zu bewahren, während ich GANZ ENTSPANNT aufstand und SO WAS VON UNBETEILIGT meinen schlimmen Gang antrat und zur Theke marschierte. Ich sah ihn schon von weitem. Wie er lächelte, mit diesem und jenem sprach und fröhlich ein Bier trank. Und noch während ich auf ihn zuging und die Blicke der anderen spürte, wurde mir klar: Ich hatte verschissen. Ich war raus. So was darf nicht passieren. Ich betete darum, dass sich doch einfach der Fußboden unter mir öffnen möge und ich für immer verschwinden könnte. Aber der Fußboden öffnete sich natürlich nicht, kein rettender Höllenschlund, nirgends.

»Papa«, flüsterte ich, mit gebrochener Stimme, »was machst du denn hier?« Schluck.

»Ach, Mönchen«, sagte er – er sagte tatsächlich »Mönchen« –, »ich wollte nur mal sehen, wo du dich immer rumtreibst.«

Mönchen. Mönchen durfte sich bis eben am coolsten Ort der Welt rumtreiben, der aber ab jetzt für Mönchen bis ans Ende ihres Lebens gestorben sein würde. Mönchen war soeben zur Persona non grata geworden und hatte quasi Hausverbot.

»Papa ...«, sagte ich wieder, und mir schossen die Tränen in die Augen und auch noch das Blut in die Wangen, ich muss geglüht haben, als wäre ich ein Stadion bei Flutlicht. Mein Vater klopfte seinem Nebenmann auf die Schulter, es war ein Freund von dem Typen, der mich informiert hatte.

»Sehr nette junge Männer hier«, sagte mein Vater und strahlte.

»Können wir bitte gehen?«, wimmerte ich.

»Gleich, Püppchen«, sagte er, »ich will nur noch schnell mein Bier austrinken.«

Püppchen. Ich bemühte mich, niemanden anzusehen, und hoffte, so vielleicht selbst unsichtbar zu werden. Alles für 'n Arsch. Ich blieb sichtbar und musste durchhalten, bis mein Vater sein Bier ausgetrunken hatte. Mitansehen, wie er sich amüsierte, meine guten Noten in Englisch und Religion ausplauderte, jedem, der es nicht hören wollte, erzählte, wie stolz er auf sein wohlgeratenes Töchterchen sei, mich damit immer lächerlicher und jämmerlicher erscheinen ließ und zu einer Witzfigur machte, über die sich ab heute jeder nur noch lustig machen würde. Es war entsetzlich. Auf so perfide Art demontiert und dementsprechend geladen, biss ich ihm fast den Kopf ab, als wir endlich draußen waren.

»WIE KONNTEST DU MIR DAS ANTUN?«, schrie ich ihn an. »WIE BIST DU AUF DIESE BESCHISSENE IDEE GEKOMMEN? WAS HAST DU DIR DABEI GEDACHT?«

Er sah mich fassungslos an.

»Ich dachte, du freust dich …«, sagte er. Ganz leise sagte er das.

»Du spinnst«, sagte ich. Und dann sagte ich nichts mehr. Hielt einfach meine Fresse und ließ ihn spüren, dass ich stinksauer war.

Als wir beim Auto angekommen waren und er mir die Tür aufschloss, sah ich, dass seine Hand zitterte. Ich fand, dass er das verdient hatte, und es tat mir überhaupt nicht

Leid. Das kam erst viel später, und ich schäme mich heute noch dafür, dass ich damals so gemein zu ihm war. Er hatte sich wirklich nichts Böses dabei gedacht, und es war nur sein gutes Recht gewesen, wissen zu wollen, wo ich so herkam, wenn ich freitags und samstags in sein Auto kroch. Und wenn ich ehrlich bin: So schlimm war es dann auch wieder nicht. Schon am nächsten Freitag saß ich wieder scheißcool in der Ecke, um mich kurz vor Mitternacht heimlich zu meinem Vater zu schleichen. Bleibende Schäden habe ich nicht davongetragen. Wenn einer wirklich darunter gelitten hat, dann wohl eher mein Vater, und falls ich mich nie dafür entschuldigt habe, möchte ich das jetzt ausdrücklich nachholen.

Ja.

Hm.

Und dann kam der Nachmittag, als mein Vater mich mit Jimmy im Bett erwischte.

Jimmy war mein erster richtiger Freund, der erste, mit dem ich ins Bett ging. Wir hatten es bisher dreimal gemacht und waren gerade kurz vor dem vierten Mal. Die Klamotten lagen schon auf dem Fußboden rum, und wir machten es uns unter der Bettdecke gemütlich. Ich war davon ausgegangen, dass meine Eltern nicht da waren, nachmittags um kurz nach drei. Meine Mutter hatte ihren Einmal-die-Woche-nach-Frankfurt-Tag, meinen Vater wähnte ich in der Firma. Und ich war zu aufgeregt gewesen, um die Tür abzuschließen. Eigentlich war für diesen Nachmittag Physik lernen auf dem Plan gewesen, weil ich am nächsten Tag eine Arbeit schreiben sollte und dringend von der Fünf runter musste. Aber dann war halt Jimmy vorbeigekommen, um mir ein bisschen zu helfen. Wir hatten ungefähr eine knappe Stunde an meinem Schreibtisch gesessen und ein bisschen rumgelernt, entschieden uns dann aber zügig für eine andere Übung. Ich dachte, dass es ja auch noch wichtigere Dinge gibt, die man im Leben lernen muss, und er war bereit, mir da mal was zu zeigen.

Als plötzlich die Tür aufging und mein Vater im Zimmer stand, sind aber drei Leute ganz schön erschrocken. Jimmy so sehr, dass er einfach auf mir liegen blieb und mit Verve ins Kissen biss.

Mein Vater sagte: »Oh …!«

Ich sagte: »Äh …«

Jimmy sagte: »Hrmpff!«, was wohl »dreckige Scheiße« heißen sollte.

Ich reckte meinen Kopf an seinem vorbei und sagte: »Papa!«

Mein Vater sagte: »Das tut mir jetzt aber Leid.«

Er starrte uns an und rührte sich nicht von der Stelle. Ich schob Jimmy von mir runter, er blieb auf dem Bauch liegen und sah nirgendwo hin. Ich setzte mich auf und sagte mit über den Busen gezogener Bettdecke zu meinem Vater:

»Papa!«

Bitte gehen Sie weiter, es gibt hier nichts zu sehen.

Endlich verstand er. Verstand, dass wir nicht in der Stimmung waren, mit ihm zu plaudern.

»Schullegung«, nuschelte er und trat ab.

Ich ließ mich zurück in die Kissen fallen. Himmel nochmal. Ich knuffte Jimmy in die Seite.

»Alles okay?«, fragte ich.

»Nein«, sagte er.

»Tut mir Leid«, sagte ich.

»Er hätte doch einfach anklopfen können«, sagte Jimmy. Ich konnte ihn schlecht verstehen, weil er immer noch das Kissen im Mund hatte.

»Du weißt doch, wie er ist«, sagte ich, »er hat's nicht böse gemeint.«

Jimmy setzte sich auf und stützte den Kopf in die Hände.

»Das war so peinlich«, jaulte er. »Wie soll ich dem jetzt jemals wieder gegenübertreten?«

»Das vergisst er auch wieder«, sagte ich.

Das vergisst er bitte wieder, betete ich.

Wir zogen uns an und ich ging ins Wohnzimmer, um die Lage zu sondieren. Keiner da. Aber mein Vater muss sehr durcheinander gewesen sein, denn er hatte die Haustür aufgelassen. Jimmy musste dann dringend los. Zwei Monate später verabschiedete er sich zum Studium nach Budapest.

Mein Vater hatte in den Wochen davor exzessiv versucht, gutes Wetter zu machen, indem er ständig schlüpfrige Witze erzählte. Als Jimmy wegging, sagte er:

»Andere Mütter haben auch schöne Schwänze … äh, Söhne. Hihihi.«

Und nachdem der Schmerz verflogen war, begriff ich, dass er Recht hatte.

Später, es war gerade ein paar Wochen her gewesen, dass ich mit Sack und Pack unser Haus verlassen und in eine weit entfernte Stadt aufgebrochen war, um für immer dort zu bleiben, war ich eines Abends sehr einsam und dachte an meine Eltern. Wie sie da im Hof gestanden und gewunken hatten. Wie meine Mutter mir Brote für die Fahrt gemacht hatte. Wie mein Vater das Auto getankt und fachmännisch voll geladen hatte. Wie tapfer sie gelächelt hatten, obwohl ein Blinder hätte sehen können, dass ihnen nicht danach war. Wie sie versuchten, die Angst um mich hinter diesem Lächeln zu verstecken. Wie aufgeregt ich gewesen war, endlich raus in die Welt zu fahren, aber wie weh es auch getan hatte, sie zu verlassen und zu wissen, dass wir uns jetzt nicht mehr jeden Tag sehen würden. So saß ich also in meiner kleinen Wohnung rum und dachte an meine Eltern und begriff noch etwas: Dass ich ein Vollidiot gewesen war, die Liebe und die Nähe meiner Eltern als peinlich zu empfinden. Dass ich mein Leben für sie geben würde, so wie sie ihres schon zwanzig Jahre lang für meines gegeben hatten. Dass Liebe sich nicht verbergen lässt, und dass es schändlich ist, das zu versuchen. Und noch ein paar Jahre später, das ist noch gar nicht so lange her, hatte ich eine Abschlussfeier mit siebzehn anderen. Im Laufe der Vorbereitungen für diese Feier diskutierten wir immer wieder, ob unsere Eltern dabei sein sollten oder nicht. Viele wollten das nicht, weil doch auch alle Freunde da wären und wir doch ordentlich saufen und auf den Putz hauen wollten, und da wären Eltern halt irgendwie peinlich. Wir beschlossen dann, dass jeder es halten kann, wie er will, mit der Einladung an die Eltern.

Meine Eltern waren die einzigen, die gekommen waren. Ich war sehr stolz auf den kleinen, lustigen Mann und die hübsche, freundliche Frau, wie sie ein bisschen schüchtern in der Ecke standen, brav Antwort gaben, wenn jemand sie fragte, wer sie denn seien, und wie sie sich nicht dafür schämten, dass meine Schuhe überhaupt nicht zu meinem etwas zu engen Kleid passten. Mein Vater tanzte sogar dann noch mit mir, als ich schon sturzbetrunken war. Ich fragte ihn am nächsten Morgen, ob ihm das sehr peinlich gewesen wäre. Und er sagte:

»Ach, Mönchen, wie könntest du mir peinlich sein?«

Der große Schuh

Vier Geschichten darüber, dass du nicht jeden kriegen kannst, den du willst. Wir verlieben uns immer wieder in Menschen, die unerreichbar sind. Und umgekehrt.

Ivo und die italienische Nachhilfelehrerin.

An dem Tag, als Ivo die dritte Fünf in Französisch nach Hause brachte, wussten alle, dass was passieren musste. Ivo war der Einzige, der sich da nicht so sicher war, aber er hatte nicht viel zu melden, und so beschlossen seine Eltern einstimmig, dass eine Nachhilfekraft kommen sollte. Sie führten ein paar Telefonate, die älteste Tochter vom Pizzabäcker aus dem Nachbarort erklärte sich schließlich bereit, Ivo zu übernehmen. Alessandra Magagnini.

»Nächsten Montag geht's los«, sagte Ivos Mutter, und: »Das kostet uns richtig Geld, also mach was draus.«

»Ja, ja«, sagte Ivo. Er nahm sich vor, die Nachhilfeschlampe zu dissen, wo er konnte.

Am nächsten Montag, um kurz vor drei, war er richtig scheiße drauf. Die anderen waren alle auf dem Fußballplatz. Er saß in seinem Zimmer und wartete auf Alessandra. Um Punkt drei klopfte jemand an seine Tür. Er antwortete nicht. Wer was will, muss schon reinkommen, dachte er. Es klopfte wieder. Dann ging die Tür auf, und die, die was wollten, kamen herein, lange, schwarze Locken auf zwei Beinen im Minirock. Ihm war schon klar gewesen, dass Alessandra anders sein würde als die Mädchen aus seiner Klasse, sie war ja gut drei Jahre älter, aber dass sie so anders sein würde, damit hatte er nicht gerechnet. Auch die Mädchen in Ivos Klasse trugen Miniröcke, aber sie waren Mädchen, sie sahen darin immer aus wie Ballmädchen beim Tennis. Alessandra war eine Frau, sie kam auf seinen Schreibtisch zu, sie bewegte sich wie eine von den Frauen in den Agentenfilmen, die er so gerne sah, sie stand neben seinem Schreibtisch und streckte ihm die Hand hin, und da wo die Mädchen, die er bisher kannte, Brüste hatten, hatte sie einen Busen, etwas Perfektes und Vollkommenes, das sich weich und rund unter ihrem engen Pulli abzeichnete.

»Hey«, sagte sie, »ich bin Alessandra«, und wie sie das R in ihrem Namen aussprach, hörte es sich fast ein bisschen russisch an, als wäre sie eine KGB-Spionin.

»Ich weiß«, sagte Ivo, und das hörte sich furchtbar bescheuert an, weil er sich solche Mühe gegeben hatte, tief zu sprechen und seinen Stimmbruch zu vertuschen. Und das waren auch die letzten Worte, die er in den nächsten Wochen zu Alessandra sagen sollte. Sobald sie montags um drei in seinem Zimmer aufkreuzte, verschlug es Ivo die Sprache. Ihm blieb nicht viel mehr übrig, als ihren Worten zu lauschen, zu lächeln, wenn sie »Sur le pont d'Avignon« summte, sich in die Übungen, die sie ihm aufgab, reinzuhängen, um ihr eine Freude zu machen, aber weiterhin schlechte Noten in Französisch zu schreiben, damit sie weiter an seinem Schreibtisch sitzen konnte. Er musste nur ein paar Jahre durchhalten, zehn oder vielleicht auch elf. Bis er erwachsen wäre, bis sie ihn endlich als Mann wahrnehmen würde. Dann wäre er CIA-Agent oder Pilot oder sonst was Beeindruckendes, sie würde ihn lieben und bewundern, wäre schöner denn je, würde seidene Unterwäsche und Morgenmäntel tragen, wenn er nach Hause käme, und rote, tief dekolletierte Kleider, wenn sie ihn auf wichtige Veranstaltungen begleiten würde, und er wäre glücklich, solch eine Frau an seiner Seite zu haben, um die ihn alle beneiden würden.

Aber dann kam der Montag, an dem Alessandra unkonzentriert war. Sie sagte nicht viel, lachte nicht, summte nicht, es gab Augenblicke, in denen sie zitterte, sie wirkte an diesem Tag kleiner als sonst. Irgendwas stimmte nicht.

Am Montag darauf kam sie nicht. Nicht um drei, nicht um vier, und auch um fünf war sie immer noch nicht da.

Ivos Mutter rief bei Alessandras Eltern an. Die sagten, dass Alessandra krank sei, sich aber bestimmt wieder erholen und dann melden würde. Am nächsten Montag war sie immer noch krank, am übernächsten auch, aber eine Woche später saß sie wieder neben Ivo. Sie hatte sich verändert. Sie schien noch erwachsener zu sein, so erwachsen, dass Ivo spürte, wie sie seiner Zeit und seinen Plänen entglitt. Er sagte nichts, wie auch, er konnte ja nicht. Er hätte so gerne was gesagt, sich ihr zu Füßen geschmissen und sie angefleht, bei ihm zu bleiben, nicht wegzugehen, wohin immer sie auch unterwegs war.

Eine Woche später stellte Ivo körperliche Veränderungen an Alessandra fest: Ihr Busen war größer geworden. Das irritierte ihn so sehr, dass er sie in ein Gespräch verwickelte, als sie gehen wollte. Er hätte nicht gedacht, dass es so einfach war, mit ihr zu reden. Aber vielleicht war es das auch nur, weil sie sich schon so weit aus seiner Welt entfernt hatte.

»Geht's dir nicht gut?«, fragte er.

Sie schlug die Augen nieder und lächelte.

»Geht so«, sagte sie. »Mach dir mal keine Sorgen.«

»Ich mach mir keine Sorgen«, sagte Ivo.

»Machst du doch«, sagte sie. »Das seh ich dir an.«

»Kommst du nächsten Montag wieder?«, fragte er.

Sie nickte und ging. Er hatte das Gefühl, dass ihr Schritt schwerer geworden war, als hätte sie eine Last zu tragen.

Zwei Monate später wussten dann alle, welche Last das war. Alessandra war schwanger, brach die Schule ab und gab auch keine Nachhilfe mehr. Den Vater des Kindes heiratete sie noch vor der Geburt, es war Ivos Fußballtrainer. Ivo und seine Eltern waren eingeladen. Als der Tag der Trauung kam, bekam Ivo Halsschmerzen und seine Eltern gingen alleine hin, während Ivo erst zu Hause lag und die Kissen voll heulte, dann aber den Rest der Nacht vor dem Computer saß und Monster abknallte. Eine Woche nach der Hochzeit kam Post, es waren Hochzeitsfotos von Alessandra und ihrem Mann, mit einem herzlichen Dankeschön für die vielen Geschenke.

Im darauf folgenden Jahr zogen Ivo und seine Eltern um, aber immer, wenn Ivo eine Frau mit langen, dunklen Locken sah, wurde ihm warm ums Herz und er fing leise an zu singen:

»Sur le Pont, d'Avignon, on y danse, on y danse …«

Alisha und der Sänger.

Es geschah ganz zufällig. Alisha und Suse liefen so durch die Straßen, wussten nicht genau, wohin. So wie man eben manchmal durch die Straßen läuft, bevor die Sonne untergeht. Es war den ganzen Tag über heiß gewesen, in der Stadt stand die Luft und ihre Hälse waren klebrig. In eine Kneipe zu gehen, daran war nicht zu denken. Und auch sonst war nicht viel los draußen, die Leute lagen alle zu Hause vor dem offenen Kühlschrank und hechelten. Das Plakat entdeckte Suse. Space Kelly und Band, Konzert, klimatisierte Räume, Karten eigentlich zu teuer. Sie gingen trotzdem mal gucken. Und trafen an der Kasse ein

Mädchen, das zwei Karten loswerden musste, für umme. Also gingen Alisha und Suse rein, sie hatten ja sonst nichts Besseres vor. Es war wirklich sehr schön kühl in dem Keller, in dem die Musik gemacht wurde. Da konnte man wenigstens mal wieder durchatmen. Aber nach der ersten Nummer wurde Alisha warm. Nach der zweiten war ihr schon heiß. Bei der dritten stand ihr das Wasser auf der Stirn.

»Warum schwitzt 'n du so?«, fragte Suse.

»Keine Ahnung«, sagte Alisha, und doch wusste sie sehr genau, warum.

Es war der Typ auf der Bühne, der ihre Körpertemperatur in die Höhe trieb. Er war ziemlich klein, aber das war sie auch. Er hatte eine Sonnenbrille auf, aber sie wusste, dass sich dahinter runde braune Augen verbargen, und als er die Brille dann später abnahm, erkannte sie den gleichen, schüchternen Blick, den sie sah, wenn sie in den Spiegel schaute. Mit diesem Blick, ihrem Blick, sang er von Liebe und Fußball und von dem Mädchen aus dem Trikot-Katalog, das er niemals treffen würde, von dem er nichts wusste, außer, dass sie das schönste Mädchen der Welt war. Alisha war hingerissen von ihm und von der Art, wie er Gitarre spielte, er spielte sie, als wäre sie ein Mädchen.

»Wie findste den eigentlich?«, fragte sie Suse.

»Ganz süß«, sagte Suse, nickte im Takt und ließ sich von dem blonden Typen neben ihr voll quatschen. In Suses Herz schien kein Platz für den kleinen Sänger zu sein, in Alishas dafür umso mehr. Sie beobachtete jede seiner Bewegungen, wie er sich durch die Haare fuhr, wie er ein bisschen tanzte, und als er das Mikrofon festhielt, fühlte es sich an, als würde er sie festhalten. Später, nach dem Konzert, war Suse immer noch mit dem Blonden beschäftigt. Neben der Kasse war ein Tisch aufgebaut, an dem zwei Jungs T-Shirts und Platten der Band verkauften. Alisha griff in ihre Hosentasche und suchte nach Geld. War keines mehr da. Sie stellte sich in eine Ecke und schaute zu, wie sich Schlangen vor dem Tisch bildeten, da standen lauter Mädchen, die was kaufen wollten. Alisha sah zu Suse rüber. Sie saß auf einem Stuhl, rauchte eine Zigarette, der Blonde hockte vor ihr, laberte und laberte und hatte eine Hand auf Suses Knie gelegt. Alisha musste grinsen, Suse ließ sich echt immer ziemlich schnell einwickeln. Dann schaute sie wieder zu dem Tisch rüber. Sie hatte keine Ahnung, wo er plötzlich hergekommen war, aber jetzt stand der Sänger selbst hinter dem Tisch und verkaufte seine Platten. Er war sehr viel näher und sah viel echter aus als vorhin auf der Bühne, fast wie ein ganz normaler Junge. Alisha wurde wieder heiß, sie fühlte, wie ihre Wangen zu glühen begannen, und war froh, dass es in dem Keller so dunkel war. Sie ging zu Suse rüber, sie hatte den Eindruck, dass es nicht schlimm wäre, sie jetzt zu stören, der Typ war dermaßen an ihr dran, der würde so oder so weitermachen. Alisha stellte sich so hin, dass der Typ sie nicht sehen konnte, und machte Suse ein Handzeichen, dass sie mal herkommen sollte. Suse verstand, beugte sich zu dem Typen runter, sagte irgendwas, was ihn bei der Stange halten würde, und war auch gleich bei Alisha.

»Scheiße, ist der niedlich«, sagte sie und raufte sich die Haare. »Soll ich meine Telefonnummer rausrücken?«

»Klar«, sagte Alisha und lächelte.

»Erlaubst du's mir?«, sagte Suse mit Kleinmädchenstimme und kicherte.

»Wenn du mir bis morgen ein bisschen Geld leihst, erlaub ich's dir«, sagte Alisha.

Suse legte den Kopf zu Seite.

»Wofür brauchst du so viel Geld, Kleine?«, sagte sie und tat so, als wäre sie ihr Opa. »Du hast doch keine Dummheiten vor?«

Alisha lachte.

»Nein, nein«, sagte sie, »ich will mir nur ein T-Shirt kaufen.« Sie deutete mit dem Kopf zu dem Tisch rüber.

Der Tisch schien Suse nicht zu interessieren, sie wollte wieder zurück auf ihren Stuhl, sie fing schon an, mit den Halswirbeln zu knacken, das machte sie immer, wenn sie unruhig wurde.

»Mach schnell«, sagte Alisha, »da wartet jemand auf dich.«

Suse verdrehte die Augen, wühlte in ihrer Tasche und zog einen Zwanziger raus.

»Dass du mich auch immer durchschauen musst«, sagte sie, drückte Alisha das Geld in die Hand. »Und bring mir gefälligst was mit.« Dann ging sie wieder an die Arbeit.

Alisha stellte sich in die Schlange. Fünf Meter waren jetzt noch zwischen ihr und dem Sänger, mehr nicht. Sie konnte ihn reden hören. Seine Stimme war tief und ein bisschen heiser. Aus der Nähe sah er älter aus, Alisha schätzte ihn so auf Mitte zwanzig. Gut zehn Jahre älter als sie also.

»Das blaue bitte«, sagte sie, als sie an der Reihe war.

»T-Shirt oder Platte?«, fragte er und Alisha versuchte, seine Augen zu sehen.

»T-Shirt«, sagte sie. »Das blaue bitte«, sagte sie nochmal.

Er sah vom Tisch auf. Sah sie an, sie meinte, ein kleines Lächeln in seinem Blick erkennen zu können, aber sie musste schnell auf die Shirts schauen und sich auf ihre Schweißausbrüche konzentrieren.

»M oder S?«, fragte er.

Sie zuckte mit den Schultern und hob ganz leicht den Kopf. Sie konnte sehen, wie er ihre Maße nahm, wie seine Augen von ihren Schultern zu ihrer Taille glitten und wieder zurück.

»S könnte ein bisschen eng sein«, sagte er, »würde aber besser aussehen.«

Sie holte tief Luft, sah ihm in die Augen und sagte: »Okay.«

Er grinste, gab ihr das blaue Shirt in S, schaute schon zur Nächsten rüber und nahm Alishas Geld in Empfang, ohne sie nochmal anzusehen.

Jetzt gilt's, dachte Alisha und fasste sich ein Herz, wie sie sich noch nie ein Herz gefasst hatte.

»Wann spielt ihr wieder hier?«, sagte sie, es war ein bisschen zu laut.

Für genau sieben Sekunden hatte sie die Augen des Sängers nochmal in ihren, und in Gedanken zählte sie leise mit.

Und er sagte:

»Nächsten« eins, »Sommer« zwei, »wieder« drei, »den Winter« vier, »verbringen« fünf, »wir in« sechs, »Japan.«

Japan. Dann wurde Alisha abgedrängt, sie kaufte sich von dem restlichen Geld eine Cola und eine Schachtel Zigaretten und wartete auf Suse. Während sie aus der Ferne den Sänger beobachtete und die Sekunden zählte, die er mit den einzelnen Mädchen sprach.

Benny und die Freundin von Max.

Benny wusste, dass Lula nur mit ihm redete, weil er der beste Freund von Max war. Denn Lula war auf Max scharf, alle waren immer auf Max scharf. Und Benny war eben dabei, ohne Benny war Max nicht zu kriegen, an

Benny kamen sie nicht vorbei, und er hatte schon oft das Gefühl gehabt, dass sie ihn nur als Sprungbrett benutzten, um bei Max zu landen. Benny wusste, dass es für die Mädchen einfacher war, erst mal mit ihm Kontakt aufzunehmen, als sich direkt an Max ranzumachen. Max war ein toller Hecht, da traute sich fast keines der Mädchen, den mal eben so anzusprechen. Bei Benny war das anders. Mit ihm hatten sie leichtes Spiel, er freute sich über jede, die ihn anlächelte, und antwortete bereitwillig auf alle Fragen, aber nervös wurde er nicht, er wusste ja, dass es ihnen nicht um ihn ging. Er war nett und freundlich und lustig, aber er war nicht der, in den sich die Mädchen verliebten, irgendwas schien zu fehlen. Er war der Freund von Max und es störte ihn auch nicht mehr besonders, er hatte sich daran gewöhnt, rechnete mit allem und hoffte nichts.

Aber Lula war ein Problem. Sie machte ihn nervös. Sie musste nicht mal mit ihm reden, um ihn nervös zu machen. Es reichte, wenn Max von ihr erzählte. Und Max erzählte immer öfter von ihr. Sie trafen sich im Club, sie gingen ins Kino, sie küssten sich, sie schliefen miteinander. Im Club und im Kino war Benny meistens dabei, so hatten er und Max das immer gemacht. Wenn sie sich küssten, war Benny manchmal dabei, es war bisher nicht schlimm gewesen, Max beim Küssen zuzusehen. Wenn Max und Lula miteinander ins Bett gingen, war Benny natürlich nicht dabei. Aber wenn sie zu dritt unterwegs waren, dann wünschte sich Benny, dass er es doch wäre, mit dem Lula knutschen und schlafen würde. Er musste immer daran denken, auch wenn er wusste, dass das nie passieren würde. Erstens war Max sein Freund, und Max war in Lula verliebt. Das zählte, auch wenn Max ständig in Mädchen verliebt war. Zweitens war Lula definitiv ein paar Schuhnummern zu groß für Benny. Max war nicht ihr erster Freund, sie hatte schon viele Jungs gehabt, sie war schön und klug, sie war der feuchte Traum von allen, die Benny kannte, und sie würde sich garantiert nicht mit Benny abgeben, dessen kostbarste Erfahrung ein Kuss beim Flaschendrehen war. Sie war so nett, dass sie auch noch mit ihm redete, als die Sache mit Max schon längst geritzt war und sie Benny nicht mehr brauchte.

»Ich mag dich«, hatte sie mal zu Benny gesagt, »wir könnten Freunde sein, wenn du willst.«

Benny wollte. So war er seit diesem Abend nicht mehr nur der Freund von Max, sondern auch der Freund von Lula. Und so saßen sie immer öfter zu dritt bei Benny auf dem Sofa und sahen fern, Max und Lula am Knutschen, Benny am Fantatrinken. Manchmal war Lula auch ohne Max bei Benny, nur so, zum Fernsehen. Dann redeten sie und lachten und machten Witze und Lula erzählte ihm, wie sehr sie Max liebte.

»Und das Beste an Max«, sagte sie oft, »ist, dass er so einen netten Freund hat.«

Dann lachte sie und kroch in Bennys Arm, und er lachte mit, aber ihr Lachen tat höllisch weh. Eines Tages war es vorbei. Max hatte es ihm morgens in der Schule schon erzählt. Er und Lula hatten sich gestritten, über irgendeine Kleinigkeit, aber es war eskaliert, sie hatten sich böse Sachen gesagt, die sich nicht zurücknehmen ließen, und so hatte Max sie angeschrien, sie solle sich verpissen, und das war es dann.

Nachmittags klingelte es und Lula stand vor Bennys Tür. Sie weinte und er nahm sie in den Arm und tröstete sie, er setzte sich mit ihr aufs Sofa, machte den Fernseher an und hielt sie zwei Stunden lang fest, auch als sie sich schon längst beruhigt hatte. Er hielt ihre Schultern, ihre

Taille, ihren Kopf, und als sie dann zu ihm aufsah, mit nassen Augen und ohne was zu sagen, küsste er sie und sie küsste ihn, nur ein bisschen, ganz zarte Küsse waren das, er küsste sie immer weiter, überall im Gesicht, bis ihre Augen trocken waren, und dann machte er einen Witz und sie lachte darüber. Als sie ging, umarmte sie ihn und sagte Danke und:

»Ich ruf dich an.«

Benny schlief in dieser Nacht nicht, aber er konnte nicht sagen, warum, ob er zu traurig war oder zu glücklich.

Lula rief nicht an. Nicht in der ersten, nicht in der zweiten und nicht in der dritten Woche, nachdem es passiert war. In der Schule ging sie ihm aus dem Weg, er sah sie nur von weitem. Einmal rief er sogar nach ihr, als sie zum Bus rannte, aber sie drehte sich nicht um.

Max erzählte ihm dann irgendwann, dass sie einen neuen hätte, einen Studenten, er hätte sie mit dem gesehen.

»Ihr habt auch keinen Kontakt mehr, oder?«, fragte Max.

»Nein«, sagte Benny, »ich hab sie nicht mehr gesehen, seit ihr Schluss gemacht habt.«

»Blöde Sache«, sagte Max.

Ja, dachte Benny, blöde Sache.

Tine und die Sache mit Tobi.

Tine und Tobi kannten sich, solange sie denken konnten. Sie waren Tür an Tür aufgewachsen, sie waren zusammen in den Kindergarten gegangen und auch in die Schule, nach der vierten Klasse wechselte Tine aufs Gymnasium, Tobi auf die Realschule, seit einem Jahr war Tobi runter von der Schule und machte eine Tischlerlehre, aber sie sahen sich immer noch fast jeden Tag, jetzt halt nicht mehr nachmittags, sondern erst abends, wenn Tobi freihatte. Sie hingen so rum, saßen auf Tines Bett, tranken Kaffee und erzählten sich alles. Tine war zu dieser Zeit ständig verknallt, und es war klar, dass es Tobi war, mit dem sie all das besprach, er war ja ihr bester Freund. Manchmal fragte Tine sich schon, warum Tobi nie von Mädchen sprach, aber sie dachte, dass er das sicher noch tun würde, wenn er erst die Richtige getroffen hatte.

Am Wochenende, wenn Tine in der Kneipe arbeitete, holte Tobi sie ab und kümmerte sich darum, dass sie gut nach Hause kam. Bis das eines Tages jemand anderes übernehmen wollte. Denn endlich hatte einer der Typen, in die Tine immer verliebt war, angebissen. Endlich hatte Tine einen Freund. Tine war darüber so aufgeregt, sie hatte ganz vergessen, Tobi Bescheid zu geben, dass er sie nun nicht mehr aus der Kneipe abholen musste. Und als Tobi dann in der Tür stand, sah er nur noch, wie Tine von ihrem Freund geküsst wurde, bevor ihm schwarz vor Augen wurde. Tine sah ihn fallen, sie dachte, er wäre krank, gut, dass ihr Freund da war, so konnten sie Tobi zusammen zu seinem Auto bringen und nach Hause fahren. Der Freund verabschiedete sich vor Tobis Haustür, Tine brachte Tobi noch auf sein Zimmer, sie setzte ihn auf sein Bett und sich daneben und sagte:

»Alles okay?«

Tobi antwortete nicht. Er sah sie nur an.

»Was war denn los?«, fragte Tine.

Tobi anwortete immer noch nicht, aber er atmete laut ein und wieder aus.

»Mann«, sagte Tine, »jetzt sag schon!«

»Du hast doch mal gesagt, dass ich schon noch merken würde, wie verliebt sein ist, wenn nur erst die Richtige kommt«, sagte Tobi.

»Ja«, sagte Tine, »genau!«

»Sie ist da«, sagte Tobi, »ich weiß jetzt, wie sich das anfühlt.«

»Wer ist sie?«, sagte Tine. Sie strahlte. Na endlich.

»Du«, sagte Tobi. »Du bist es.«

Tine machte die Augen zu und ließ den Kopf an die Wand fallen. Nein. Bitte nicht.

»Du bist es schon immer«, sagte Tobi.

Tine fing an, mit dem Hinterkopf gegen die Wand zu schlagen. So ging das bestimmt zehn Minuten lang, keiner sagte was. Dann nahm sie seine Hand, so wie sie es immer getan hatte, wenn er Sorgen hatte, aber heute war es anders. Heute war es schlimm.

»Warum hast du nie was gesagt?«, flüsterte sie.

Tobi zuckte mit den Schultern.

»Keine Ahnung«, sagte er, »war irgendwie nicht nötig.«

»Und jetzt?«, fragte Tine. »Warum ist es jetzt nötig?«

»Weil«, sagte Tobi und zündete sich eine Zigarette an, »weil da jetzt dieser Typ ist, der dich küsst.«

Tine ließ seine Hand los und legte den Kopf auf die Knie, ließ die Arme hängen. Sie wusste nicht, was sie sagen sollte. Tobi. Ihr bester Freund Tobi. Tobi war in sie verliebt. Und sie hatte keine Ahnung gehabt, sie hatte es einfach nicht gemerkt. Er zwang sie dazu, ihm wehzutun, ihm schreckliche Schmerzen zu bereiten. Sie war nicht verliebt in ihn, und sie konnte sich auch nicht vorstellen, dass sie es jemals sein würde.

»Was machen wir denn jetzt?«, fragte sie ihn.

Er musste doch wissen, was zu tun war. Er wusste immer, was zu tun war. Tobi zog an seiner Zigarette und sagte nichts.

»Ich will dir nicht wehtun«, sagte Tine.

»Das tust du doch schon die ganze Zeit«, sagte Tobi.

Sie blieben die ganze Nacht auf seinem Bett sitzen und hörten Musik. Denn sie wussten, dass, wäre diese Nacht erst vorbei, nichts mehr so sein würde, wie es mal war.

Lichtzeichen

Er schaut sie an. Sie schaut
ihn an. Aber nur heimlich. Sie
treffen sich. Am liebsten zufällig.
Eine von Milliarden Liebes-
geschichten und wie sie
beginnt.

Kotze mit Reis. Das ist es, woran Konrad immer denkt,
wenn er von der Schule nach Hause läuft und es gleich
Mittagessen gibt. Es gibt natürlich nicht wirklich Kotze
mit Reis, aber seit Konrads Mutter abgehauen ist und
Konrads Vater den Laden alleine schmeißen muss, gibt es
jedes Mal annähernd Kotze mit Reis, mal mehr, mal weniger. Weniger, wenn Konrads Vater Pizza oder was vom
Chinesen bestellt hat, mehr, wenn er selber kocht. Konrads Mutter wohnt jetzt bei einem Fitnesstrainer auf
Lanzarote. Früher mochte Konrad die Sonne, heute hasst
er sie, so wie er alles hasst. Die Sonne scheint ihm einfach
auf die Mütze, ohne zu fragen, beschissen ist das.

Er biegt um die Ecke und holt die Pfefferminzbonbons
raus. Seit ihn sein Vater neulich beim Rauchen erwischt
hat, gibt es jedes Mal ein Riesentheater, wenn Konrad
nach Zigaretten stinkt. Ein Umzugswagen versperrt den
Gehsteig. Vor dem Umzugswagen parkt ein Mercedes
quer, er kommt aus Frankfurt. An dem Mercedes lehnt
ein Mädchen und telefoniert. Sie hat einen blonden Pferdeschwanz und Sommersprossen, sie trägt eine alte Cord-
hose und ihre nackten Füße stecken in Turnschuhen.
Konrad wechselt die Straßenseite, geht rüber zu dem
Haus, in dem er mit seinem Vater wohnt. Er hat jetzt kei-

ne Lust auf Mädchenstimmen. Die gibt es ja den ganzen Tag in der Schule zu hören. Er steckt sich ein Bonbon in den Mund.

Die Straße kommt Lilli eher langweilig vor. Sie steigt aus dem Auto, macht ihren Pferdeschwanz auf, kratzt sich am Kopf und macht den Pferdeschwanz wieder zu. Sie sieht sich das Haus an. Auf dem Foto sah es größer aus und viel netter. Sie war nicht für den Umzug gewesen, fast 500 Kilometer von ihren Freundinnen entfernt zu sein war eine schreckliche Vorstellung. Aber ihre Eltern wollten es nun mal so. Ihr Vater hat einen Vertrag unterschrieben, er nennt seinen neuen Job »eine ganz tolle Herausforderung«, und da kann man eben nichts machen. Lilli hat genölt und auch geweint, hat immer wieder gesagt, dass sie doch schon 15 ist und ja auch bei der Oma bleiben und zu Hause in Frankfurt die Schule fertig machen könnte. Aber ihre Eltern sind stur geblieben, sie hatten überhaupt nicht mit sich reden lassen und davon gesprochen, dass es doch auch für Lilli »eine ganz tolle Herausforderung« wäre, so eine neue Schule und neue Freunde. Lilli hat schon früh gelernt, sich mit Dingen einfach abzufinden, und so tat sie es diesmal am Ende auch.

Sie trägt eine Kiste ins Haus, überlegt sich, was da wohl drin sein könnte. Sie durfte ihre Sachen nicht selber packen, das haben die Leute vom Umzugsunternehmen gemacht.

»Man muss auch delegieren können«, sagt ihre Mutter immer.

Lilli stellt die Kiste in den Flur.

»Lass doch, Schatz«, sagt ihre Mutter, »lass das mal die Männer machen.«

»Wo ist mein Zimmer?«, fragt Lilli.

»Am Ende des Flurs links«, sagt ihre Mutter, »direkt neben dem Bad.«

Toll, denkt Lilli. Direkt neben dem Klo. Sie geht den Flur lang, auf ihr Zimmer zu, und das ist, als würde sie durch ein fremdes Land tapsen, auf der Suche nach einer Wasserstelle. Die Tür zum Badezimmer steht offen. Es ist hellgrün. Sie überlegt, ob sie sich die Hände waschen soll, aber dann kommt es ihr komisch vor, als sie so vor dem neuen Bad steht, und sie wischt sich die Hände lieber an ihrer Hose ab. Sie macht die Tür links vom Bad auf, geht in die Mitte des Zimmers und schaut sich um. Zwei Fenster, weiße Wände, blauer Teppichboden. Okay. In dem alten Haus hatte sie Holzfußboden. Ihr Telefon klingelt. Und sie hat schlechten Empfang. Schöne Scheiße. Das Erste, was in ihrem neuen Zimmer passiert, ist schlechten Empfang haben. Sie rennt raus, bis zum Auto muss sie rennen, um volle Dröhnung zu kriegen.

»Hallo?«

Es ist Barbie.

»Und? Wie isses so?«, fragt Barbie.

»Weiß nicht. Komisch«, sagt Lilli.

»Was ist mit Jungs?«, fragt Barbie.

Das Gefasel ist für Konrad nur sehr schwer zu ertragen. Er nimmt seine Brille ab und lässt den Kopf auf die Tischplatte fallen. Religionsunterricht ist das Allerallerschlimmste.

»Konrad«, sagt die Lehrerin, »Konrad, bitte, reiß dich zusammen. Wie ist denn deine Meinung zur Bergpredigt?«

Meinung. So eine Kacke. Eine Meinung haben immer die, die nichts wissen, aber trotzdem labern wollen. Konrad hebt den Kopf und schaut an der Lehrerin vorbei. Anschauen kann er sie nicht. Die sieht so vertrocknet aus. Ob sie weiß, wie vertrocknet sie aussieht?

»Ich hab keine Meinung«, sagt er.

»Konrad«, sagt die Lehrerin und lacht wie eine Ziege, »du musst eine Meinung haben. Du bist doch so ein kluger Junge.«

»Eben«, sagt Konrad.

»Wie bitte?«, sagt die Lehrerin. Meine Fresse. Dass die nicht einfach »was?« sagen kann.

»Eben«, sagt Konrad nochmal, setzt seine Brille wieder auf und schaut aus dem Fenster.

Die Lehrerin meckert noch ein bisschen rum, aber Konrad hört sie schon gar nicht mehr. Am Himmel fliegt ein Flugzeug vorbei. Mit, denkt Konrad. Nimm mich mit. Und tatsächlich: Das Flugzeug landet mit Karacho vor seinem Klassenzimmer, eine freundliche Stewardess bittet ihn, schnell einzusteigen, und dann hauen sie ab, fliegen bis nach Barbados, da gibt es Cocktails und Musik, und so überlebt er dann auch diesen Vormittag.

Lilli ist nicht nur die Neue, nein, sie ist auch die Nervöse. Sie ist zu früh da und weiß nicht, wo sie sich hinsetzen soll. Die paar, die schon da sind, sitzen in Grüppchen auf den Tischen rum.

»Hallo, ich bin Lilli«, sagt sie, »ich bin neu.«

Es kommt ein Durcheinander von »Hallo«, »Hey« und »Tach auch« zurück, mehr nicht, manche drehen sich nicht mal um. Großartig. Was für ein Empfang. Lilli versucht es nochmal:

»Wo kann ich mich hinsetzen?«

»Die erste Reihe ist komplett frei«, sagt einer, »bis auf den rechten Tisch, da sitzt der Olle.«

Alle lachen.

Irgendwann im Laufe des Tages wird sie von einem der Mädchen gefragt, wo sie vorher gewohnt hat.

»Frankfurt«, sagt Lilli.

»Main oder Oder?«, fragt das Mädchen.

»Main«, sagt Lilli. Und das war es dann auch schon wieder mit dem Gespräch.

Als sie an diesem Tag die Schule verlässt, ist sie völlig fertig. Schön war es nicht. Aber das hatte sie auch nicht erwartet.

Konrad sitzt auf der Treppe vor der Schule und raucht. Erlaubt ist das nicht, aber wirklich verboten auch nicht, zumindest sagt keiner was. Es gefällt ihm immer gut, hier so zu sitzen, wenn alle schon weg sind. Ab und zu läuft mal ein Lehrer durchs Bild, der auf dem Weg zum Parkplatz ist, aber sonst stört ihn hier keiner.

»Entschuldige«, sagt jemand hinter ihm. Mädchenstimme.

Er dreht den Kopf. Es ist die, die gestern in seine Straße gezogen ist. Sie hat wirklich viele Sonmersprossen. Ihre Augen sind ein bisschen zu groß. Aber sonst sieht sie ganz passabel aus.

»Ich bin neu hier«, sagt sie.

»Ich weiß«, sagt Konrad, »hab dich gestern gesehn.«

»Ich dich auch«, sagt sie und grinst. Was grinst die jetzt so blöd?

»Was machst du noch hier?«, fragt er.

»Ich musste noch ins Sekretariat«, sagt sie. Sie hat wieder aufgehört mit dem Grinsen.

»Und? Wie war dein erster Tag in unserer schicken Anstalt?«, fragt er.

»Beschissen«, sagt sie. »Meine Klasse ist blöd.«

»In welcher bist du?«, fragt Konrad.

»9 b«, sagt sie. »Und du?«

Au weia, denkt er. In der 9 b, da sind nur Idioten.

»10 b«, sagt er.

»Kommst du mit nach Hause?«, fragt sie und grinst schon wieder. Konrad kann Grinser nicht ausstehen.

»Nö«, sagt er, »ich warte noch.«

»Auf wen?«, fragt sie und sieht ein bisschen beleidigt aus.

»Auf Kotze mit Reis«, sagt er.

»Was?«

»Vergiss es.«

Sie macht sich vom Acker und ihr Arsch ist gar nicht mal so schlecht.

Die Mutter steht im Wohnzimmer und räumt Schränke ein, als Lilli nach Hause kommt.

»Wie war es in der Schule, mein Liebling?«

»Geht so«, sagt Lilli.

»Was haben denn die anderen gesagt?«

»Nix«, sagt Lilli.

»Wie, nix?«, fragt die Mutter.

»Na, nix halt«, sagt Lilli.

»Wie sind die denn so?«

»Weiß ich nicht«, sagt Lilli. »Kann ich dir was helfen?«

»Musst du nicht erst Hausaufgaben machen?«

Lilli verdreht die Augen. Sie hasst diesen Ton. Sie hasst es, wenn ihre Mutter sie immer noch wie ein Kind behandelt.

»Mach ich heute Abend«, sagt sie. »Hab ja eh nix vor hier. Also: Was soll ich machen?«

»Du kannst die Kristallfiguren abstauben und schön nebeneinander in die Vitrine stellen«, sagt die Mutter.

O Gott. Noch schrecklicher als den süßlichen Tonfall

ihrer Mutter findet Lilli diese hässlichen Kristallfiguren, die ihr Vater von seinen Reisen mitbringt. Ihre Mutter tut dann immer so, als würde sie sich freuen, aber Lilli spürt, dass sie die Dinger insgeheim auch zum Kotzen findet. Die Mutter würde das natürlich nie zugeben, sie würde sich auch niemals eingestehen, dass ihr Mann ein gefühlloses Arschloch ist. Sie würde ihn nie verlassen, sie würde nicht mal mit ihm streiten, was sollen denn die anderen denken? Lilli kommt immer die Galle hoch, wenn sie sieht, wie kalt und despotisch ihr Vater zu ihrer Mutter ist und wie die sich nicht mal ein bisschen wehrt. Die Mutter steht dann auf und geht irgendwas abstauben. Lilli kann sich nicht daran erinnern, dass ihre Eltern sich jemals geküsst hätten.

Sie nimmt eine von den Figuren aus der Kiste und staubt sie ab. Es ist ein Schwan mit einem viel zu dünnen Hals. Ihre Hände zittern, sie ist immer noch ein bisschen aufgeregt wegen vorhin, als sie den Typen angesprochen hat. Aber, verdammt, mit irgendwem an dieser Scheißschule musste sie doch mal reden. Sie findet, dass der ein nettes Gesicht hatte, auch wenn er so mürrisch schaute und sich hinter einer seltsamen Brille versteckte. Es ist sonst nicht ihre Art, Jungs anzusprechen, aber der saß da halt grade so, und, mein Gott, warum auch nicht. Jetzt schämt sie sich ein bisschen dafür, ihn so angequatscht zu haben. Vielleicht sagt er es ja nicht weiter. Sie stellt den Schwan in die Vitrine. Sie nimmt sich vor, später auf gar keinen Fall eine Vitrine zu besitzen. Die nächste Figur ist eine Schildkröte. Aber, was bitteschön, sollte Kotze mit Reis? Und genau in diesem Augenblick verliert die Schildkröte ihren Kopf.

Zum Mittagessen gab es Mikrowellen-Lasagne. Konrad liegt in seinem Zimmer auf seinem Bett und muss ständig aufstoßen. So richtig weiß er ja nicht, wie bloß alles werden soll. Sein Vater sieht immer noch traurig aus, manchmal glaubt Konrad, dass es jeden Tag schlimmer wird, besonders wenn der so wie heute Abend einfach nur vor dem Fernseher sitzt und sich kaum bewegt. Dann sieht er immer aus wie ein Insekt in Winterstarre, ein kleines Tier, dem wahnsinnig kalt ist und das aufpassen muss, dass es nicht aus Versehen aufhört zu atmen. Konrad steht auf, um Musik anzumachen. Er weiß nicht, warum er dabei die Jalousien hochzieht, das macht er sonst nie, er hat Angst, jemand könnte ihn beobachten, auch wenn er gar nichts Besonderes tut. Er macht Musik an und schaut zum Fenster raus. Schräg gegenüber, da wo es im letzten Jahr immer dunkel war, ist Licht, in zwei Zimmern. In dem rechten Zimmer sitzen ein Mann und eine Frau an einem Tisch und reden nicht. Der Mann liest Zeitung, die Frau lässt den Kopf hängen. Im linken Zimmer ist das blonde Mädchen, die Neue mit den verrückt großen Augen und dem guten Arsch. Sie läuft auf und ab, nimmt Sachen in die Hand, schaut sie an, stellt sie wieder weg. Geht zu ihrem Schreibtisch, setzt sich hin, schaut zum Fenster raus. Konrad schaut weg, dreht sich zur Wand und hat Herzklopfen. Nicht dass die ihn jetzt gesehen hat und wer weiß was denkt. Er macht das Licht aus. Geht wieder zum Fenster. Er sieht sie an ihrem Tisch sitzen, sieht, wie sie den Kopf in die Hände stützt, sie scheint nachzudenken, schreibt was auf. Er sieht, wie sie den Kopf zur Seite legt, mit der linken Hand in ihrem Pferdeschwanz rumspielt. Er sieht, wie ihre Hand sich bewegt, die Hand ist zart und schmal. Ihre Sommersprossen kann er von seinem Fenster aus nicht sehen, aber er weiß, dass sie da sind, er kann sie spüren, als hätte er selbst diese Punkte im Gesicht. Eine kleine Weile denkt sie noch, schreibt sie noch, dann legt sie den Stift weg, steht wieder auf, streckt sich. Er versucht, sich daran zu erinnern, ob sie groß oder klein ist, aber es will ihm nicht gelingen. Sie steht einfach nur da, die Arme in die Höhe gereckt, und für ein paar Sekunden bleibt die Zeit stehen. Er lässt die Jalousien runter und bittet inständig darum, dass sein Herz doch endlich aufhören möge, so verdammt schnell zu klopfen.

Die erste Woche hat sie geschafft. Die erste Woche ist immer die Wichtigste, egal, was man macht. Ob man im Urlaub ist, im Krankenhaus oder in einer neuen Stadt. In der zweiten Woche kann man alles gelassener sehen als in der ersten. Es ist Montag, sie ist zu spät aufgestanden, so aber um das gemeinsame Frühstück mit ihren Eltern rumgekommen. Auf dem Weg zur Schule telefoniert sie mit Barbie, die ist auch gerade auf dem Weg, so haben sie das schon die ganze letzte Woche gemacht, das hilft. Lilli fröstelt ein bisschen, es wird langsam Herbst. Gut 50 Meter vor ihr schlurft der Typ aus dem Haus schräg gegenüber zur Schule. Es müsste affig aussehen, einer der sich bewegt wie er, aber Lilli findet, dass es bei ihm nicht affig aussieht. Sie hat ihn in der letzten Woche ein paar Mal gesehen, aber immer nur von weitem, sie glaubt, dass er ihr aus dem Weg geht, weil sie ihn so dreist angesprochen hat. Sie erzählt Barbie nichts davon, es ist ihr peinlich. Sie legt auf und macht ihre Jacke zu. Sie wüsste gerne, wie er heißt, der komische Brillenvogel.

Für Konrad ist nach der vierten Stunde Schluss, Sport ist ausgefallen. Er sitzt auf der Treppe und raucht. Ohne dass sie etwas sagt, spürt er, dass sie hinter ihm steht. Es ist, als könne er sie riechen. Er spürt die kleine Bewegung, die sie macht, wie sie kurz zögert, ob sie sich zu ihm setzen soll oder nicht, er spürt einen Luftzug, als sie einen Fuß vor den anderen setzt, Tempo macht, er sieht sie die Treppe runterlaufen, dicht neben ihm, unten dreht sie sich kurz zu ihm um, ein winziges Lächeln schickt sie da auf den Weg, sie fährt sich durch die Haare, die sie heute offen trägt, und schlendert dann in Richtung Straße. Er zieht an seiner Zigarette, steht auf, springt die Treppe in einem Satz runter, bleibt stehen, zieht nochmal, schmeißt sie weg, mit dem nächsten Schritt tritt er die Kippe aus und ruft:

»Hey! Warte mal!«

Lilli dreht sich um. Es war gut, einfach an ihm vorbeizugehen. Sie wartet, bis er bei ihr ist. Dann sagt sie:

»Was ist denn?«

»Nix Besonderes«, sagt der Typ. »Wollt nur mal hören, wie's dir geht. Na ja, wegen den Idioten in deiner Klasse und dem Umzug und so …«

»Ist schon okay«, sagt Lilli.

Die 9 b fängt ganz langsam an, sie wahrzunehmen, manche reden sogar mit ihr, mit ihren Eltern in dem neuen Haus zu wohnen ist nicht schlechter, als mit ihren Eltern in dem alten Haus zu wohnen, und sonst so:

»Mir fehlen meine Freunde«, sagt sie.

Der Typ schaut auf den Boden. Jetzt kann sie ihn wenigstens mal in Ruhe anschauen, aus der Nähe. Er hat dunkelblonde, fast hellbraune Haare, je nachdem, wie das Licht drauffällt, die struppig von seinem Kopf abstehen, und es sieht so aus, als würden die Haare das von Natur aus tun, Lilli kann nichts Verdächtiges erkennen, keine Gelspuren, kein Haarspray. Sie hasst es, wenn Jungs was mit ihren Haaren machen. Er ist ziemlich groß, sie muss zu ihm hochschauen, und Lilli ist selbst nicht grade klein.

Er hat Jeans mit Nähten überm Knie an und einen Kapu-
zenpulli und Turnschuhe, die sehen teuer aus, ihre Eltern
würden nie zulassen, für Turnschuhe so viel Geld auszu-
geben.

»Bei einem schicken Kostüm ist das was anderes«, sagt
Lillis Mutter immer. Es ist zum Verrücktwerden mit der.

»Wir können zusammen nach Hause gehen, wenn du
willst«, sagt der Typ und schaut weiter auf den Boden.

Lilli antwortet nicht, sie nickt nur und zwingt ihn so,
den Kopf wieder zu heben, wenn er eine Antwort bekommen will. Er hat grüne Augen, aber nicht so blaugrün
oder graugrün oder braungrün, nein, seine sind richtig
grün. Das gefällt ihr. Sie gehen los, laufen über den Parkplatz, bei Rot über die Ampel, die Straße, in der sie wohnen, fängt gleich hinter der nächsten Kreuzung an. Lilli
bemüht sich, ihn nicht zu doll anzurempeln, sie weiß, dass
sie einen seltsamen Schubs-Gang hat, das hat sie von ihrer
Mutter geerbt, sie kann einfach nicht richtig geradeaus
gehen. Aber sie hat gelernt, es zu vertuschen, indem sie
immer ein bisschen Abstand hält, so einen knappen Meter. Das reicht, dann passiert meistens nix.

»Wie heißt du eigentlich?«, fragt sie ihn.

»Konrad«, sagt er. Konrad. Lilli lässt den Namen einmal durch ihren Kopf wandern.

»Konrad?«, sagt sie.

Konrad nickt.

»Und wie heißt du so?«, fragt er.

»Lilli«, sagt Lilli und lächelt. »Ich heiß Lilli.«

In seiner Brust ist ein Hämmern, ein Dröhnen, als würde
jemand von innen an die Mauern seines Herzens schlagen.
Er fühlt sich krank und schwach und gleichzeitig so gesund und stark wie noch nie. Würde jemand von oben

draufschauen, wäre an der Situation gar nichts groß Auffälliges. Old Konrad geht wie jeden Tag von der Schule nach Hause und hat wie immer die Hände in den Hosentaschen. Und neben ihm geht ein blondes Mädchen. Aber was der, der von oben draufschaute, nicht wüsste: Konrad hat die Hände heute nicht nur aus Gewohnheit in den Hosentaschen. Konrad hat die Hände in den Hosentaschen, weil sie so zittern und er nicht will, dass Lilli denkt, er hat einen Dachschaden. Weil dieses Mädchen, das von da oben vermutlich einfach nur ganz nett und normal aussähe, aus der Nähe betrachtet das beste Mädchen der Welt ist. Es ist ja nicht so, dass Konrad die anderen Mädchen bisher durch die Bank weg scheiße fand, da waren schon immer mal ganz gute Mädchen dabei, er hatte auch schon welche geküsst und angefasst, aber diese Küsse waren nichts gegen das, was mit ihm passiert, als er jetzt mit Lilli die Straße entlangläuft. Er hat das Gefühl, als wäre in ihm ein Wirbelsturm losgebrochen, als wäre tief in ihm drin das Meer, und dieser Sturm würde jetzt mit 320 Kilometern die Stunde und riesigem Getöse auf seine Küsten zurasen. Sie fragt ihn was, aber er kann sie nicht verstehen, er hört nicht, was sie sagt, es ist doch so ein Lärm in seinen Ohren, also bleibt er stehen und schaut sie an und sie lächelt und in diesem Moment kommt der Sturm in seinem Kopf an und löst eine Explosion aus und er würde am liebsten vor ihr in die Knie gehen.

»Willst du ein Pfefferminzbonbon«, sagt er, und da hat er doch glatt vergessen, es als Frage zu formulieren.

Immer schön einen Fuß neben den anderen setzen, denkt Lilli, dann wird schon nichts schief gehen. Wenn sie rübersieht zu Konrad, wird ihr schwindelig, was ihr gefährlich vorkommt. Sie fühlt sich eh schon so leicht, seit ein paar Minuten hat sie das Gefühl, sie könnte auch eine Feder sein oder eine Plastiktüte im Wind. Und jedes Mal, wenn er zu ihr rübersieht, dann spürt sie ein Glitzern in ihrem Gesicht und auf ihren Haaren. Als er ihr eben ein Bonbon gegeben hat und sich ihre Hände kurz berührt haben, hätte sie fast gezuckt, solch eine Gänsehaut schoss ihr den Rücken hoch. Sie hatte ihn eigentlich gefragt, ob er denn niemals lächeln würde, aber darauf hat er nicht geantwortet, stattdessen hat er ihr ein Pfefferminz angeboten. Er scheint wirklich ein komischer Typ zu sein, aber das verhindert nicht, dass sie sich mit jeder Sekunde, die sie in seiner Nähe ist, mehr in ihn verliebt. Warum, kann sie nicht sagen, aber es ist ein schönes Gefühl und sie ist sich sicher, dass es zu etwas Gutem führt. Als sie vor ihrem Haus ankommen, sagt er:

»Wir können uns ja auch mal abends treffen.«

Lilli nickt, ja, ja, ja.

»Ich kann dich ja anrufen«, sagt er.

»Wir haben noch kein Telefon«, sagt Lilli.

Konrad holt ein Mobiltelefon aus seiner Hosentasche.

»Vergiss es«, sagt Lilli, »ich hab in meinem Zimmer keinen Empfang.« Und dann könnte sie sich in den Arsch beißen, dass sie das gesagt hat und ihm nicht einfach ihre Nummer gegeben hat. Jetzt ist es für heute zu spät dafür. So ein verdammter Mist. Sie merkt, wie er in sich zusammensackt, »na, dann eben nicht« sagt und sie stehen lassen will. Für einen kurzen Augenblick setzt ihr Herz aus, sie weiß, dass sie jetzt ganz schnell irgendwas machen muss. Er bewegt sich schon fort von ihr, wechselt schon die Straßenseite.

»Konrad!«, ruft sie.

Er bleibt stehen und dreht sich zu ihr um. Ihr fällt nichts ein, was sie jetzt sagen könnte, alles was sie sagen könnte, wäre vollkommen bescheuert. Sie hebt die Hand, nur ein kleines bisschen hebt sie die Hand und winkt. Er winkt zurück, länger als nötig wäre, es sieht aus, als würde er in Zeitlupe winken. Und dann lächelt er.

Von diesem Abend an gibt es zwischen ihren beiden Häusern etwas Ungewöhnliches zu beobachten. Wer sich sehr konzentriert, kann nach Einbruch der Dunkelheit sehen, wie hinter den Fenstern von Konrad und Lilli Taschenlampen an- und wieder ausgemacht werden. Dreimal, viermal, siebzehnmal, das kann keiner verstehen, es ist eine geheime Sprache, die nur die beiden entschlüsseln können. Wenn die Lichtzeichen verschwinden, huschen kurze Zeit später zwei Gestalten über die Straße, bleiben dicht voreinander stehen, manchmal fasst die eine Gestalt der anderen in die Haare oder an die Schulter. Und der Rest, der gehört in eine andere Geschichte.

Never forget

Wunder gibt es immer wieder:
der Kuss.

Die schönste Erinnerung, die du haben kannst, ist die Erinnerung an einen Kuss. Es gibt viele Dinge, die du im Laufe deines Lebens vergisst, aber einen besonderen Kuss vergisst du nie. Weil der Mensch, den du geküsst hast, so besonders war oder die Situation. Du wirst nie vergessen, wie viel Liebe, Zärtlichkeit, Freude oder Trauer du dabei empfunden hast. Wenn zwei Menschen sich küssen, erklingt eine Melodie, und bei jedem Kuss, bei jedem Menschen erklingt eine andere. Ein Kuss ist wie ein kleiner Tanz, nur dass hier nicht die Füße die Schritte ausführen, sondern die Lippen. Ein schöner und wahrhaftiger Kuss fühlt sich an, als würdest du von einem Engel gestreift, der dich im Vorübergehen ins Auge gefasst hat und dich glücklich machen will. Und wenn es dann noch in einer sternklaren Nacht zu schneien beginnt, kannst du sicher sein, dass es so war. Jeder Kuss, den du bekommst, ist ein Geschenk, und auch wenn er sich später vielleicht als eine Lüge herausstellen sollte, so war es sicher nicht böse gemeint. Ist ein Kuss mit Gewalt verbunden, so ist er kein Kuss mehr, sondern ein Angriff. Die Küsse, von denen ich hier schreibe, sind freiwillig. Die anderen zählen nicht und sollten sich schämen.

Ein Kuss ist der Beweis dafür, dass Menschen eine Seele haben. Ein Kuss ist die körperliche Annäherung zweier Menschen, die mit dem Körper nicht mehr viel zu tun hat. Ein Kuss lässt dich ins Innere eines anderen Menschen blicken, wenn du jemanden küsst, erfährst du Dinge von ihm, die er dir nicht erzählen könnte, die sich nicht in Worte fassen lassen, und gleichzeitig gibst du alles preis, was du hast. Ein Kuss ist der kostbarste gemeinsame Augenblick, den es gibt. Er ist einer der wertvollsten Momente, die du zu verschenken hast, und das Schöne an diesem Geschenk ist, dass es dir niemals ausgeht. Du musst also keine Angst haben, du kannst jeden küssen, den du küssen willst, wenn du es nur wirklich willst.

Der allererste Kuss.

Er kommt daher wie ein komischer, kleiner Geselle, der plötzlich um die Ecke biegt, und du fragst dich: Hey, wo kommt der denn jetzt her? Du reißt die Augen auf, etwas verwundert bist du ja schon, du hast zwar gewusst und gehofft, dass er irgendwann kommen würde, aber natürlich hast du dir ihn völlig anders vorgestellt, und auch nicht erwartet, dass er so schnell so NAH ist. Plötzlich hast du das erste Mal in deinem Leben die Lippen eines anderen Menschen länger als zwei Sekunden auf deinen Lippen, und die Lippen des anderen öffnen sich und deine auch, und hastdunichtgesehn ist da eine Zunge in deinem Mund, und wie sich das jetzt anfühlt, das kann nun vorher wirklich keiner wissen. Das kann dir auch keiner erklären, da kann man sich nicht wirklich drauf vorbereiten. Es ist entweder nasser oder trockener, als du es dir ausgedacht hast, schneller oder weniger schnell, dein Mund ist auf jeden Fall voller, als du dir vorstellen konntest. Da ist Lebendes zwischen deinen Zähnen, und, egal, was passiert: jetzt NICHT ZUBEISSEN. Auch wenn dir vielleicht danach sein sollte, weil du nicht weißt, was du sonst tun sollst. Aber das ist unwahrscheinlich. Du wirst in diesem Moment mit anderen Sachen beschäftigt sein. Du wirst dich fragen, wie lange es wohl dauern wird und wie lange du willst, dass es dauert. Du wirst dich fragen, ob das alles überhaupt wahr ist oder ob du es träumst. Du wirst dich fragen, ob du alles richtig machst. Was beim Küssen richtig ist und was falsch, kann dir keiner sagen. Richtig ist es, wenn es schön ist und falsch, wenn es sich schlecht anfühlt. Denk einfach nicht drüber nach. Beim zweiten Mal wird es sehr viel einfacher sein. Ich schwöre.

Der erste Kuss.

Es kann passieren, dass dir die Beine wegrutschen, dass sie wackelig werden, dass du einfach vergisst zu stehen. Wenn du jemanden, den du gut findest, das erste Mal küsst, egal, ob du 12 bist oder 72, wirst du spätestens in diesem Augenblick wissen, ob du verliebt bist oder nicht. Bist du nicht verliebt, ist es nett und schön und lustig und eine sehr gute Möglichkeit, die nächsten Stunden zu gestalten. Dann hast du halt ein bisschen geknutscht, und wenn du am nächsten Tag daran zurückdenkst, dann kribbelt es in deinem Magen, aber es wird dir nichts fehlen. Bist du verliebt, wirst du alles vergessen, wo und wer du bist, wo oben ist und wo unten, ob Leute um dich rumstehen oder nicht, ob dir kalt ist oder warm. Du wirst nichts spüren, außer diesen Lippen, die auf deinen sind, deine eigenen Lippen werden riesengroß, mit einem ganz kleinen, leichten Körper dran, und das bist du. Du wirst einen irren Hunger entwickeln, eine Gier nach diesem Kuss, du willst sofort den nächsten, auch wenn der erste noch gar nicht aufgehört hat. So ein Kuss ist der Himmel.

Der zufällige Kuss.

Der heimliche Favorit. Passiert meistens, wenn dich jemand eigentlich auf die Wange küssen will, aber nicht richtig trifft, und sich gerade noch die beiden Mundwinkel berühren. Sehr schick, sehr diskret und sofort ein bisschen aufregend. Manchmal überlegt es sich jemand, der dich eigentlich auf die Wange küssen wollte, aber auch kurz vorher anders, warum auch immer reitet sie oder ihn plötzlich der Teufel, küsst dich mitten in dein Gesicht, hat eben eine Wahnsinnslust auf deine Lippen bekommen, steckt dir vielleicht sogar die Zunge in den Hals. Das ist dann entweder komplett scheiße oder richtig, richtig toll.

Der Kuss auf die Wange.

Eigentlich ein blöder Scheiß, aber trotzdem macht es jeder. Man macht es, weil es so unverbindlich ist, aber trotzdem Zuneigung symbolisiert, aber nicht zu viel, man kann beim nächsten Mal immer noch so tun, als würde man sich nicht kennen. Ein Kuss auf die Wange bedeutet einfach nichts, es ist gerade mal so viel wie ein Handschlag, obwohl: Wenn du jemandem die Hand gibst, schaust du ihm wenigstens währenddessen in die Augen, beim Kuss auf die Wange geht ja nicht mal das. Auf die Wange küssen kannst du jeden, den musst du nicht mal mögen. Das geht so was von glatt von den Lippen, dass es beängstigend ist. Du kannst jemanden auf die Wange küssen und im nächsten Moment schlecht über ihn reden, überhaupt kein Problem. Mehr gibt es zum Wangen-Bussi nicht zu sagen. Es sei denn, jemand nimmt dich fest in den Arm, während er dich auf die Wange küsst. Dann kann es natürlich sofort wieder super sein. Aber nicht wegen dem Kuss.

Der Kuss auf die Stirn.

Entweder spielt jemand den Papst und will dich in seinem Größenwahn segnen, oder jemand, der dich lieb hat, will dich trösten und beschützen. Ein Kuss auf die Stirn macht, dass du dich kleiner fühlst, als du bist, aber es gibt Momente, da hast du dieses Gefühl ganz gern, da ist dir nach klein sein zumute, vielleicht, weil dein Hund gestorben ist oder einfach nur, weil es seit elf Tagen regnet. Dann kommt so ein Kuss ganz gut und macht auch richtig Sinn.

Der Versöhnungskuss.

Da kommt es jetzt echt auf deinen Charakter an. Wenn du es verabscheust zu streiten, wird dich ein Streit sehr mitnehmen, wird tief sitzen. Dann wirst du vielleicht Probleme damit haben, die Streiterei einfach durch einen Kuss zu beenden. Das wird nicht so richtig gehen, du musst dich erst langsam wieder an den anderen annähern, vielleicht kannst du ihn sogar kurz küssen, aber es kommt dir komisch vor, denn eben habt ihr euch ja noch beschimpft und eure Liebe in Frage gestellt.

Wenn du einen Streit aber gar nicht so dramatisch findest, wenn das öfter vorkommt und irgendwie zum Spiel dazugehört, dann gibt es nichts Besseres, als auf eine blöde Frage mit einem herzlichen und risikofreudigen Kuss zu antworten. Wer dann nicht aufhört zu streiten oder den Streit zumindest unterbricht, ist es nicht wert, von dir geküsst zu werden.

Der falsche Kuss.

Es gibt unter denen, die gar nicht gehen, so ein paar Klassiker:

1. die Waschmaschine – viel zu schnell geht die Zunge im-

mer nur im Kreis rum, spielt hektisch und auf Zeit. Wer dich so küsst, ist frei von Zärtlichkeit und Leidenschaft und betrachtet Küssen als einen Job, der erledigt werden muss.

2. der sabbernde Hund – nass, nass, nass, viel zu nass. Kannst du aber leider nicht ändern, kannst dich nur dran gewöhnen.

3. der Presslufthammerausräumer – zu Hilfe. Hier presst sich jemand dermaßen gegen deinen Kiefer und haut so ambitioniert drauf rum, dass du Angst hast, du könntest einen Knochenbruch davontragen. Da ist jemand echt unvorsichtig und hat völlig vergessen, dass du auch noch da bist. Er scheint deinen Mund als eine Art Grube zu betrachten, die er mit seiner Zunge großflächig ausräumen muss. Kann sogar wehtun. Bitte unbedingt protestieren. Denn so zu küssen ist unhöflich und gehört sich nicht.

Richtig wehtun kann ein Kuss aber auch dann, wenn das Gefühl, das er sonst auslöst, nicht mehr da ist. Wenn ein Kuss sich plötzlich kalt anfühlt oder langweilig wird. Wenn du gar nicht mehr den Wunsch hast, deinen Freund oder deine Freundin zu küssen, es aber trotzdem tust, weil du denkst, dass das schon wieder vorbeigeht und du ihm oder ihr nicht wehtun willst. Es geht nicht mehr vorbei. Wenn die Küsse nicht mehr schön sind, ist das Ende vorprogrammiert. Das kannst du ganz genau spüren, an deinen Küssen und an denen des anderen. Und das ist es, was so wehtut.

Der Abschiedskuss.

Über Abschiedsküsse zu schreiben, macht mir Angst, weil mir Abschiede das Herz zerreißen, es reicht, wenn ich nur dran denke, und mir wird schlecht. Ich kann es überhaupt nicht gut ertragen, wenn die Leute weggehen, ich hasse es, wenn jemand aufsteht und sagt: »Es ist Zeit. Ich muss los. Mein Bus geht.« Noch schlimmer ist es, wenn ich selbst gehen muss, wenn ich jemanden zurücklassen muss, auch wenn der das gar nicht so schlimm findet. Ich zögere es immer so lange wie möglich raus, was schwachsinnig ist, denn der Abschied kommt ja sowieso, und es führt nur dazu, dass ich regelmäßig Züge und Flugzeuge verpasse oder bis morgens um sechs in Kneipen sitze, weil ich mich nicht losreißen kann. An Tagen, an denen ich besonders sentimental bin, kann es passieren, dass ich sogar dann schon mit den Tränen kämpfen muss, wenn sich nur Kollegen von mir verabschieden. In solchen Momenten verzichte ich dann bewusst auf jede Form von Abschiedskuss und winke einfach nur schnell, damit es bald aufhört zu dauern. Es gab schon viele traurige Abschiedsküsse in meinem Leben, aber es gab zwei besonders traurige. Der eine war der, den ich meiner Oma gab, als sie im Sterben lag, und bei dem ich wusste, es würde definitiv der letzte sein. Der andere fand auf einem Bahnsteig in Göttingen statt. Ich hatte drei Tage mit meinem damaligen Freund verbracht, und nach dem dritten Tag war mir endgültig klar, dass er mich verlassen würde, dass er mich nicht mehr wollte. Er wusste das damals noch nicht, aber ich konnte es ganz deutlich spüren. Er brachte mich zum Bahnhof, weil ich nach Norden fahren musste und er nach Süden. Der Kuss, den er mir gab, als mein Zug einfuhr, war der erste in drei Tagen gewesen, und ich wusste eben, dass es auch der letzte war. Ich hatte das Gefühl, tot zu sein, als seine Lippen meine berührten, und ich glaube, in diesem Augenblick ging es ihm genauso und auch er hatte langsam eine Ahnung, was mit uns passieren würde. Diesen letzten Kuss habe ich schnell verdrängt, an den kann und will ich mich nicht mehr erinnern. Das, was ich nicht mehr aus dem Kopf kriege, ist das Bild, als der Zug abfuhr und er da am Gleis stand und winkte, so lange bis er nicht mehr zu sehen war. Das Loch, das dieser Tag mit diesem einen Kuss in mein Herz gerissen hat, ist bis heute nicht zugewachsen.

Ofen an Ofen

Wer sich küsst, fasst sich irgendwann auch an. Wie und wo und warum?

Seit zwei Wochen sind sie ein Paar. Seit zwei Stunden sind sie auf dieser Party. Seit zwanzig Minuten sind sie im Flur. Seit zwei Minuten bekommen sie kaum noch Luft, weil sie so dicht beieinander stehen und ihnen so unheimlich heiß ist. Obwohl außer ihnen gar keiner im Flur ist und die Haustür sperrangelweit aufsteht. Sie hören die Musik aus dem Rest des Hauses und die Stimmen, das Gelächter der anderen, sie hören es ganz deutlich, aber es kommt ihnen vor, als wären sie alleine auf der Welt, als ginge es auf dem gesamten Planeten nur um sie beide. Er hat seinen rechten Arm um ihre Taille geschlungen, mit der linken Hand fasst er ihren Kopf, sie hat die Hände auf seiner Brust. Als er sie küsst, biegt sie sich nach hinten und ihr Rücken wird ganz weich. Sie beißt ihn leicht beim Küssen, das macht sie sonst nicht, aber es ist ja auch nicht sie, die das macht, es ist ihr Mund, der macht das ganz von alleine. Sein Atem wird schneller, in seiner Hose fängt es an zu glühen und zu klopfen. Und während sie da so stehen und sich küssen, sagt er:

»Gehen wir zu mir?«

Sie sagt ja, ja und nochmal ja, ohne von seinen Lippen abzulassen.

Draußen ist es kalt, sie gehen zur Straßenbahn und halten sich fest im Arm. Sie reden nicht auf ihrem Weg, sie sind aufgeregt und wissen beide, dass sie was anderes wollen, es ist keine Zeit zum Reden. Sie zittert ein bisschen, aber nicht, weil ihr kalt ist. Er merkt es, sieht sie von der Seite an, sieht sie grinsen. Er zieht sie in den nächsten Hauseingang und presst sie gegen die Wand, seine Hände hat er auf ihren Hüften. Sie nimmt seinen Kopf in beide Hände und küsst ihn. Sie lässt seine Beine zwischen ihre, nur ein bisschen, aber so sind sie noch näher beieinander. Er versteht, was sie meint, und drückt seine Hüften gegen ihre. Er schiebt seine Hand unter ihre Jacke, unter ihren Pulli, unter ihr T-Shirt. Ihre Haut ist weich und ganz warm. Er fährt mit seiner Hand an ihrem Rücken entlang, er kann jeden einzelnen ihrer Wirbel spüren, kann mit seiner Hand fühlen, wie sie atmet. Er hatte nicht erwartet, dass sie sich so toll anfühlen würde. Sie wandert mit der einen Hand in seinen Nacken, mit der anderen streichelt sie seine Wange. Er hat Angst, dass er gleich platzt.

»Komm«, sagt er, »wir müssen die letzte Bahn kriegen.«

»Ja«, sagt sie, »die Bahn, genau.«

In der Bahn ist sehr helles Licht, und sie fahren durch die Dunkelheit, als wären sie ein Blitz in Zeitlupe, ein ganz besonderes Gefühl ist das. Sie fühlt sich, als würde sie auf der Mitte von einem Blitz reiten, als wäre das Blut in ihren Adern elektrisch. Die gleiche Elektrizität sieht sie in seinen Augen sprühen, aber die sind auch von einem dünnen Schleier überzogen, er schaut sie an, wie er sie noch nie angeschaut hat, er schaut in sie rein und gleichzeitig durch sie durch. Er sieht aus, als wüsste er gar nicht, wo er ist. Sie rückt näher an ihn ran, sodass sie fast auf seinem Schoß sitzt, und sie küsst ihn, so heftig und innig wie sie nur irgend kann.

Und er weiß ganz genau, wo er ist, zumindest, was sie angeht: Er ist an ihr dran, so wie er noch nie an ihr dran war, wie er überhaupt noch nie an einem Mädchen dran war. Sie ist die Erste, von der er alles will.

122

Von der Haltestelle bis zu dem Haus, in dem er mit seinen Eltern wohnt, sind es nur ein paar Meter. Auf dem Weg kommen sie an einer Sparkasse vorbei.

»Ich hol schnell Geld«, sagt sie.

Es gibt keinen Grund, jetzt Geld zu holen, aber sie braucht eine kurze Auszeit vom Anschauen und Anfassen und Keine-Luft-mehr-Kriegen. Sie will an einen öffentlichen, unromantischen Ort, nur für ein paar Minuten, um ein bisschen Kraft zu sammeln für das, was noch kommt.

»Okay«, sagt er.

Sie holt ihren Geldbeutel aus ihrer Jackentasche, die Bankkarte, schiebt sie in den Schlitz, die Tür geht auf, sie geht rein, er bleibt dicht hinter ihr.

»Dann hol ich auch was«, sagt er und sie stehen nebeneinander an den Geldautomaten. Er fühlt sich in diesem Moment sehr erwachsen, so, als wäre es jetzt langsam an der Zeit, ernsthafter zu werden.

Aus dem Augenwinkel sieht sie seine Bewegungen, er sieht ihre, und er hat sein Geld noch nicht weggepackt, da schmeißt sie sich ihm wieder in die Arme, er nimmt ihre Wucht auf, gibt sie zurück, hebt sie auf den Kontoauszugsdrucker und küsst sie überall, wo er nur hinkommt. Er küsst ihr Gesicht, ihren Hals, ihre Schultern, da hat er auch seine Hände, er hält ihre Schultern fest. Sie schiebt ihre Hände unter seine Jacke, unter sein Hemd, unter sein T-Shirt. Sie streicht über seinen Rücken und seinen Bauch und seine Brust und legt den Kopf zurück, damit er sie besser auf den Hals küssen kann. Sie zieht ihn dichter zu sich ran, indem sie mit ihren Beinen seine Hüften umklammert, sie zieht ihn ran, bis er ganz da ist. Dann macht sie seine Jacke auf, schiebt sein Hemd und sein T-Shirt hoch, zerrt mit einer Hand an ihren Sachen, bis auch ihr Bauch frei ist. Er kommt noch ein Stückchen näher, ein bisschen näher geht noch, und da ist sein nackter Bauch an ihrem nackten Bauch und es ist, als wären sie Außerirdische, die über Lichtstrahlen von Bauch zu Bauch miteinander kommunizieren. Das Gefühl, nackte Haut auf der eigenen Haut zu haben, ist so irre, so schier unglaublich, dass sie nach Luft japsen muss. Sie halten sich ganz fest im Arm und hecheln, als hätten sie gerade einen 1000-Meter-Lauf hinter sich.

Erst jetzt entdecken sie die Überwachungskameras, die in allen Ecken hängen, so wie es in Sparkassenvorräumen eben üblich ist.

»Oh«, sagt sie.

Und er sagt: »Na, da wird sich morgen aber irgendjemand von der Bank mächtig freuen.«

Raus hier.

Bei ihm zu Hause liegen sie auf seinem Bett und es ist ganz still. Die Eltern sind für zwei Wochen in Italien. Sie hat noch nie in seinem Bett gelegen, und das ist es, was ihnen jetzt beiden auffällt, und um der ganzen Sache den Ernst zu nehmen, erzählt er ihr ein paar lustige Geschichten von früher, als er noch klein war und ständig Sachen kaputtmachte.

»Erzähl mir dein ganzes Leben, bis heute«, sagt sie und küsst ihn.

»Wenn du mir deins erzählst«, sagt er und legt die Hand auf ihren Oberschenkel.

»Erst du«, sagt sie und knöpft sein Hemd auf.

»Ich bin im Juli geboren«, sagt er und lässt seine Hand von ihrem Oberschenkel auf ihren Bauch wandern, »zwei Wochen zu früh.«

Er setzt sich auf, zieht sie hoch, zieht ihr den Pulli aus.

»Mit einem Jahr habe ich das Laufen angefangen, mein erstes Wort war Auto«, sagt er und zieht ihr das T-Shirt aus. Er küsst sie wieder auf den Hals und auf die Schultern und sie bekommt eine Gänsehaut.

Sie zieht ihm sein Hemd aus und das T-Shirt gleich mit und legt beide Hände auf seine Brust.

»Im Kindergarten war ich neidisch auf die anderen, die Geschwister hatten«, sagt er und sieht sich zum ersten Mal ihre Brüste an. Sie sind klein und sehr rund, der hellblaue BH, den sie trägt, sieht hübsch aus.

Sie macht seinen Gürtel auf und er sagt: »An meinem zweiten Schultag hat mir mein Cousin einen roten Plastikstuhl ins Gesicht gehauen, daher kommt die Narbe an meiner Augenbraue.«

Er drückt sie nach hinten, legt sie wieder hin, schiebt ihren Rock hoch und zieht ihre Strumpfhose runter.

»Als ich in der vierten Klasse war, saß ich in einem Bus, der einen Unfall hatte, und musste für zehn Wochen eine Gipsschiene am Arm tragen«, sagt er und legt sich zu ihr.

Er fasst mit beiden Händen um ihre Taille, fährt den Rücken entlang, sucht die Stelle, an der ihr BH aufgeht, findet sie und öffnet ihn. Er streift ihr die dünnen Träger von den Schultern, zieht den Stoff von ihren Brüsten und sagt:

»Wow.«

»Erzähl weiter«, sagt sie und knöpft seine Hose auf, rutscht auf dem Bett nach unten und zieht ihm die Socken von den Füßen. Er kniet sich aufs Bett, rutscht rum, sodass er hinter ihr ist, und öffnet den Reißverschluss von ihrem Rock. Er klemmt ein bisschen.

»In der fünften Klasse hab ich meine erste Fünf kassiert und war in den Sommerferien das erste Mal ohne meine Eltern im Urlaub, vier Wochen Ferienlager mit allen meinen Freunden«, sagt er, »da hab ich im Zelt meinen ersten Kuss bekommen, von einer, die ich nicht hübsch fand.«

Da geht der Reißverschluss doch auf. Sie liegt jetzt auf

der Seite. Er schiebt ihren Rock über ihre Hüften nach unten und lässt ihn auf den Boden fallen.

»Ist dir kalt?«, fragt er.

Sie schüttelt den Kopf, und als er sieht, wie ihre Haare sich über ihren nackten Rücken bewegen, spürt er einen wunderschönen Stich im Herzen. Ihre Unterhose ist auch hellblau und sie ist sehr klein. Er legt sich hinter sie, seine Hände sind erst auf ihrer Taille, dann auf ihrem Bauch, dann auf ihrem Busen. Es ist das erste Mal, dass er Brüste nicht nur unter irgendwelchen Shirts hüpfen sieht, sondern sie anfasst. Er hört, wie sie tief Luft holt, und seine Stimme ist ein bisschen wackelig, als er sagt:

»Und vor ungefähr sechs Wochen hab ich mich in dich verliebt.« Sein Mund ist in ihrem Nacken, in ihren Haaren, als er das sagt. Er fährt mit seinen Händen ihre Brüste ab, von unten nach oben und von oben nach unten und von der einen Seite zur anderen, und er berührt ihre Brustwarzen, die sich ganz klein und spitz anfühlen, und der Drang, mit ihr zu schlafen, ist inzwischen so übermächtig, dass er zu zittern anfängt und seine Füße ein bisschen zucken. Sie dreht sich um, ihre Brüste drehen sich aus seinen Händen, sind jetzt an seinem Bauch, ihr Mund fängt an, mit seinen Brustwarzen zu spielen.

Sie knöpft seine Jeans auf, und weil die ein bisschen eng ist, besonders jetzt grade ist sie da, wo seine Unterhose ist, sehr eng, zerren und schieben sie gemeinsam an der Jeans rum, bis sie endlich unten ist.

Sie liegen auf dem Bett, Gesicht an Gesicht, Brust an Brust, Bauch an Bauch, Unterhose an Unterhose, ihr linkes Knie hat sich zwischen seinen hindurchgeschoben, ihre Füße sind in seinen verkeilt und für einen kurzen Moment wissen sie beide nicht mehr, wohin mit ihren Händen. Sie atmen ein und wieder aus, zwei-, drei-, viermal.

»Und was ist mit deinem Leben?«, fragt er und seine Hand, die ziemlich verschüchtert auf ihrer Hüfte rumliegt, fasst sich ein Herz und schiebt sich in ihre Unterhose. Er spielt mit den Haaren, die er dort findet, und die Haare zeigen ihm den Weg, mitten in die goldene Mitte, mitten rein da, und ihre Pussy ist so warm und weich und feucht, dass er das Gefühl hat, den besten Ofen der Welt zu berühren. Er vergisst, wo und wer er ist, und fasst weiter rein in den Ofen, der immer größer, weiter und wärmer wird, je länger seine Hand da ist. Er kundschaftet jede Ecke aus, jede Falte, jeden Hügel, alles. Das Klopfen und Kitzeln und die Aufregung zwischen seinen Beinen wird unerträglich, würde ihn jemand danach fragen, würde er schwören, gleich zu platzen.

Ich wurde im März geboren, denkt sie, weil sprechen kann sie nicht, fast zwei Wochen zu spät, denkt sie, und es ist eine große Leistung von ihr, überhaupt was zu denken, denn seine Hand ist ja da, wo bisher außer ihrer eigenen nie eine war. Ihr Bauch scheint zu glühen und dort, wo seine Hand jetzt reibt und streichelt, wird ein Feuer abgefackelt, ein neunstöckiges Feuer.

Ich konnte schon mit einem drei viertel Jahr laufen, denkt sie.

Ihre Hand rutscht wie von selbst zum Rand seiner Boxershorts. Dort am Rand, an dem eingenähten Gummizug, fühlt sie auch schon, was da drin ist, in der Boxershorts. Sie weiß ja, was da drin ist, und jetzt will sie es auch endlich mal anfassen, aber in diesem Moment trifft seine Hand bei ihr einen Punkt, der wahnsinnig empfindlich ist, und sie stöhnt ein bisschen und er sagt:

»Hey«, und sie lächelt und lässt ihn weitermachen, weil sich das sehr, sehr schön anfühlt.

Mit dem Zeigefinger hebt sie den Rand von seiner

Shorts an, ihre Hand gleitet leichter rein, als sie dachte, wo doch alles so gespannt ist in der Shorts. Den Weg zu seinem Schwanz muss sie nicht suchen, er legt sich ihr von ganz alleine in die Hand, als hätte er Ewigkeiten darauf gewartet, dass da eine Hand kommt. Sie fasst ganz rum und sie kann seinen Herzschlag in ihrer Hand spüren.

Sie hat das Gefühl, jetzt doch was sagen zu müssen, damit er nicht nur fühlt, dass sie da ist, sondern es auch hört, damit er ihrer sicher ist, wo er doch grade so verletzlich scheint. »Mein erstes Wort weiß ich nicht mehr«, sagt sie, »aber mein Lieblingswort war Licht. Ich mochte das L und das I so gerne zusammen.«

»Du spinnst ja«, flüstert er, aber sie kann es kaum hören, sie schaut in sein Gesicht und sieht, wie er erst die Augen zu macht und sich kurz nach hinten fallen lässt, dann zieht er mit dem freien Arm ihren Kopf an seinen Hals und sagt:

»O Mann.«

Sie muss plötzlich daran denken, dass ihr Bruder im Kindergarten immer alle verhauen hat, die sie mit Sand beschmissen haben, und lässt ihre Hand weiter runterrutschen, mal sehen, was da noch kommt. Seine Eier sind weich und trotzdem hart, sie weiß, dass man da sehr aufpassen muss, was man macht, und streichelt ganz vorsichtig, nur mit den Fingerspitzen. Im Großen und Ganzen fühlt sich das alles sehr freundlich an, er hält seine Hand jetzt ganz still, sie liegt einfach nur zwischen ihren Beinen, aber halt mehr drinnen als draußen. Ihre Hand geht wieder dahin zurück, wo es eindeutig hart ist. Er bewegt sich in ihrer Hand, bewegt sich hin und her, also bewegt sie ihre Hand auch hin und her.

»Ich hatte die größte Schultüte von allen«, sagt sie und

er muss lachen, weil sie das gerade jetzt sagt, sein Atem wird lauter.

»Als ich neun war«, sagt sie, »hat mein Vater abends einen Hund mitgebracht, den er auf der Straße gefunden hatte.« Es kommt ihr blöd vor, dass sie an den Hund denken muss, aber manchmal denkt sie eben solche Sachen.

Er küsst ihr den Mund zu und seine Hand wacht auch wieder auf, und jetzt wird das, was er macht, richtig super, es fühlt sich an, als würde er zwischen ihren Beinen eine Tür aufmachen und hinter der Tür gibt es Dinge zu sehen, die sie nie zuvor gesehen hat. Sie merkt, wie sie selbst es ist, die die Tür noch weiter aufmacht, wie sie ihre Beine öffnet und ihr Becken sich gegen seine Hand drückt. Und sie merkt, wie er Kräfte entwickelt, wie alle seine Muskeln sich anspannen, wie er sie mit dieser Kraft ins Bett drückt, ganz tief drückt er sie rein und seine Hand geht auch nochmal tiefer rein in sie, sie schließt die Augen, sie kann nicht anders, obwohl sie sie so gerne auflassen würde, damit sie alles, was passiert, auch sehen kann. Er liegt jetzt fast auf ihr, es wird ein bisschen schwierig, ihre Hand noch zu bewegen, aber das macht gar nichts, er bewegt sich ja und das scheint ihm zu gefallen, sie muss gar nicht viel machen, damit es ihm gefällt.

»Der Hund ist vor zwei Jahren gestorben«, sagt sie, nein, falsch, sie japst es, aber sie weiß jetzt, dass es richtig ist, das zu sagen, »und bis ich dich getroffen habe, dachte ich, dass ich nie mehr jemanden so lieb haben könnte.« Er atmet jetzt heftig, aber er lacht auch wieder ein bisschen, es ist ein glückliches Lachen, ein kleines, glückliches Lachen. Seine Hand kommt ihr riesengroß vor, alles, was sie fühlt, ist seine Hand. Und das winzige Zwicken in ihrem Hinterkopf, eine unbekannte Stimme, die ihr sagt, dass seine Hand gleich nicht mehr groß genug ist, dass sie mehr von ihm will als seine Hand.

Während draußen der Wind pfeift, setzt er sich auf, kniet jetzt zwischen ihren Beinen, küsst sie auf den Bauch und zieht ihr endlich, endlich, endlich die Unterhose aus.

Versprochen

Wenn du mit jemandem schläfst, gibt dein Körper ein Versprechen ab. Aber da wird ja gar nicht geschlafen. Was wird stattdessen gemacht? Und, Teufel nochmal: was für ein Versprechen?

Als würden wir uns das letzte Mal in unserem Leben sehen. So klammern wir uns aneinander, so halten wir uns aneinander fest, so dringend ist es. Wir liegen auf einem Bett, aber in Wahrheit schweben wir zwei Meter über der Matratze, und wir haben beide Angst runterzufallen, uns die Nasen blutig zu schlagen. Es ist zum Verrücktwerden. Das hatten wir nicht geplant. Es hat sich einfach so ergeben. Es lag in der Luft, so wie wir jetzt in der Luft liegen, nichts zum Festhalten haben außer uns. Wir sind aufgeregt. Wir wissen nicht genau, was wir hier tun, aber wir wissen, was wir vorhaben. Wir wissen, dass wir das hier durchziehen werden. Wir wollen es. Wir sind so weit. Ich bin so weit. Du bist so weit. Ich kann es sehen, ich kann es hören, ich kann es fühlen. Komm schon. Komm schon her.

Ich komm zu dir, du kommst zu mir. Wir können uns riechen. Unsere Hände, die sind überall. Wir biegen uns, strecken uns einander entgegen, vorsichtig, wie zwei Hochseilartisten unter der Zirkuskuppel, ohne Netz, ohne doppelten Boden. Von uns beiden hängt es jetzt ab, ob die Nummer läuft. Damit nichts Schlimmes passiert, damit wir nicht plötzlich Eltern werden, haben wir uns alle möglichen Sachen besorgt. Die Pille gab es beim Frauenarzt, die wird jetzt seit über einem Monat jeden Abend genommen. Wichtig ist, sie wirklich jeden Abend zu nehmen, sonst nützt sie nichts, sonst könnten wir es gleich lassen. Kondome gab es überall, wirklich überall, in Drogerien, Apotheken, Kneipen, Supermärkten, Tankstellen, wir haben jedes Mal, wenn wir welche gesehen haben, ein paar mitgenommen, und jetzt besitzen wir einen ganzen Sack von dem Zeug. Aber das macht nichts, wir sind froh, dass wir die vielen Kondome haben, man kann ja nie wissen, wann man welche braucht. Einmal gekotzt, schon wirkt vielleicht die Pille nicht mehr. Oder es kommen mal Freunde zu Besuch, die grade zufällig keine Kondome dabeihaben, aber dringend nach welchen suchen. Dann können wir aushelfen. Jetzt, in diesem Augenblick, brauchen wir kein Kondom, wir haben ja die Pille und relativ frische HIV-Tests. Und, ganz ehrlich: Es ist auch so kompliziert genug. Wir winden uns, fassen uns gegenseitig an, hier und da, durch diese Verhütungsgeschichte wird einem immer so nüchtern zumute. Es ist, als würden wir am Schreibtisch sitzen und reden. Wir versuchen, wieder unter die Zirkuskuppel zu kommen, da ist es zwar gefährlicher, aber auch aufregender. Für die Fahrt nach oben suchen wir unsere Körper nach guten Stellen ab, mit unseren Händen und unseren Mündern. Unser Aufzug ist irre schnell. Wir sind wieder im Spiel. Und wie. Gleich. Gleich passiert es. Ganz sicher. Das ist neu. Wow. Wir reißen die Augen auf, ich nehme deinen Kopf in meine Hände, schaue dich an. Du schaust mich an. Hier sind wir. Da bist du. Nur bei mir, egal, wo du vorhin noch warst. Kennen wir uns? Ja, wir kennen uns. Deshalb können wir tun, was wir jetzt tun. Haben keine Angst. Ich ziehe dich an mich, lass dich ganz nah ran, noch näher, keine Zweifel, komm her jetzt, komm her, nimm mein Geschenk, mein Geschenk nur für dich, hier bin ich.

Es ist ein unglaubliches Gefühl, es ist anders als alles andere. Wir sind ineinander, und das ist so speziell, das ist ein bisschen, als hätten wir uns unsere Haut vom Leib gerissen und wären gemeinsam in ein Einmachglas geschlüpft. Wir bewegen uns, langsam und vorsichtig, so ohne Haut sind wir sehr empfindlich. Aber es tut nicht weh. Manchmal zwickt es irgendwo ein bisschen, weil wir uns in Ecken vorwagen, in denen vorher noch keiner war. Aber wehtun, nein, wehtun kann man das nicht nennen. Es ist nur so verrückt, dass wir uns gegenseitig so spüren können, überall. Ich weiß jetzt, wie es sich anfühlt, du zu sein, und du weißt, wie es sich anfühlt, ich zu sein. Wir teilen uns, ich gebe mich bei dir ab und du dich bei mir. Es gibt keine Geheimnisse mehr. Es gibt nichts, was wichtiger ist, als dass wir hier zu zweit sind, es gibt nur uns und sonst nichts, wir sind die Welt im Wasserglas, versiegelt und abgeschottet vom Rest, da kommt keiner rein, da kommt keiner dazwischen.

Wenn wir uns bewegen, schicken wir uns Blitze durch den Körper, gleißend helles Licht, das von den Zehenspitzen bis zur Stirn zittert. Jetzt ist es egal, ob das mit uns für immer ist oder nur für ein paar Stunden, im Augenblick ist es für immer. Es kann nicht anders sein. Es fühlt sich an wie die Unendlichkeit, die Unsterblichkeit. You and me always. Versprochen. Wir küssen uns, mit offenen Augen, dein Auge sagt »Na?«, ich sage »Warte« und drehe dich auf den Rücken, komme wieder zu dir, in dich rein, du in mich rein, durchs Fenster scheint Licht, trifft unsere Gesichter. Da ist plötzlich eine glühende Hand, die mir in den Bauch fasst. Ich packe deine Hände. Drücke sie fest. Wir fallen! Hilfe, wir fallen! Nein, wir fallen doch nicht, wir bleiben, wo wir sind, schwebend, auf der Höhe. Aber wir hören auf, zwei zu sein, wir werden zu einem Lebewesen, und das ist kein Mensch, das ist nur so was in der Art. Das Wesen kann überhaupt nicht mehr aufhören sich zu bewegen, es atmet und stöhnt, es wirft den Kopf in den Nacken und die Beine zum Himmel, es bewegt sich und bewegt sich und bewegt sich, es vergisst auch, vorsichtig zu sein, aber das macht nichts. Das Wesen ist völlig außer Rand und Band, denn es will was, wir wollen was. Ich drücke zu, du hältst dagegen. Deine Haut, sie ist nass, deine Nägel krallen sich in mir fest. Deine Hände wandern in meinen Nacken, greifen zu, ziehen mich runter, wieder fallen wir, aber das ist toll, wie Achterbahn ohne Angst, wir fallen und fallen und fallen, keine Ahnung, wo das enden soll, meine Haare kleben auf deiner Stirn, deine Haare auf meiner, dann ist es da, wirft sich über uns, erst klein und heimlich, dann groß und mächtig, es wirft sich über mich, ich werfe mich über dich, schneller, schneller, schneller. Wir fühlen uns, als wären wir Gott. Alles in unserer Hand, das ganze Leben. Halt mich fest. Halt mich fest. Halt mich.

Darf ich vorstellen?

Freunde und Freundinnen. Die gehören ja irgendwie dazu. Die haben Macht. Und: Egal, wie sie deine neue Liebe finden, sie ihnen das erste Mal vorzuführen, ist immer ein bisschen heikel.

Du wirst es ihnen nie recht machen können. Sie werden an deinem neuen Freund oder deiner neuen Freundin immer was auszusetzen haben. Weil sie dich nicht teilen wollen. Das ist aber gar nicht schlimm. Sie sollen diesen Menschen an deiner Seite ja nicht lieben, sie sollen ihn nur gern haben. Und da wir mal nicht davon ausgehen wollen, dass du dir ein komplettes Arschloch ausgesucht hast, wird das schon irgendwann so sein. Freunde sind halt immer wie ein Rudel tollender junger Hunde. Die wollen schnüffeln, Hallo sagen und spielen. Schauen wir uns doch mal einen kleinen Film an, Ende offen, wie immer im Leben.

Der Ort der Handlung: eine Party.

In den Hauptrollen: Nonni und Sarah, frisch verliebt.

Supporting Acts: Amelie, Niko, Rocco.

Nonni.

Sarah ist ein bisschen nervös, aber ich sage ihr, dass sie das nicht sein muss. Wenn ich sie mag, werden meine Freunde sie auch mögen, das sage ich ihr schon die ganze Zeit, aber sie ist trotzdem aufgeregt. Und ganz Unrecht hat sie damit natürlich nicht, Niko kann manchmal schon ein echter Arsch sein, je nachdem, wie er drauf ist, aber das hab ich Sarah vorsichtshalber nicht erzählt. Und Niko hab ich heute Vormittag gesagt, dass ich Sarah heute Abend mit zu seiner Party bringe und dass er auf jeden Fall nett zu ihr sein soll. Er hat's versprochen. Ich sage ihr also nochmal, dass sie nicht nervös sein muss, gebe ihr einen Kuss, sie lacht und wir klingeln, der Türöffner summt, wir gehen rein.

Drinnen ist es laut und lustig, alle bewegen sich zur Musik auf und ab, Niko hat überall bunte Perlenvorhänge an die Decken genagelt, das sieht sehr freundlich aus, die Diskokugel, die sich in seinem Zimmer dreht, wirft Lichter an die bunten Perlen. Ich nehme Sarah die Jacke ab und schmeiße sie zusammen mit meiner in eine Ecke. Ich lege meinen Arm um Sarah, wir gehen in die Küche, was zu trinken holen. Am Kühlschrank lehnt Amelie. Amelie ist das coolste Mädchen, das ich kenne, wir sind befreundet, seit wir in der Grundschule nebeneinander gesetzt wurden. Sie hat für ein Mädchen eine ziemlich große Nase und sie ist größer als die meisten anderen Mädchen, dazu trägt sie immer noch besonders hohe Schuhe, sie sagt »ficken« und »Fotze« ohne rot zu werden, sie ist echt cool, ich kenne niemanden, der bessere Witze macht, ich bin froh, ihr Freund zu sein, und ich hab sie echt gern. Sie hat ein Bier in der Hand und redet mit einem Typen, der ihr grade mal bis zum Hals geht, und sie scheint Spaß zu haben. Sie lacht, schmeißt den Kopf nach hinten. Ich gehe mit Sarah im Arm zu ihr rüber, Amelie sieht uns, dreht sich zu uns, sie hebt ihre linke Hand in die Luft, wir klatschen ab.

Amelie.

Ich verschlucke mich fast an meinem Bier, als ich Nonni mit seiner neuen Freundin sehe. Aber dann hab ich mich sofort wieder im Griff, ich hab mich immer im Griff, mir kann so schnell keiner was, und wenn es doch einer versucht, kriegt er einen Spruch, der ihn umhaut, und dann steht er auch so schnell nicht mehr auf. Ich bin in Nonni verliebt, seit wir in der ersten Klasse zusammengesetzt wurden, er ist einer der wenigen Jungs, die nicht kleiner sind als ich, ich bin ganz wild auf ihn, wenn ich ihn nur von weitem sehe, aber das hab ich ihm nie gesagt, das werd ich ihm auch nicht sagen, das geht keinen was an. Wir sind befreundet und fertig, und dass da immer mal wieder Mädels kommen und gehen bei Nonni, das geht mir zwar auf die Ketten, aber ich versuche, drauf zu scheißen. Die schießt er schon irgendwann wieder ab, ich darf bleiben. Irgendwann wird er kapieren, dass es nur eine geben kann: mich. Zu der Neuen bin ich freundlich. Ich bin zu allen, die er anschleppt, freundlich. Aber ich halte mich aus allem raus. Nicht dass denen am Ende noch einfällt, zu mir zu kommen und rumzuheulen, wenn es mit Nonni nicht so läuft.

»Hi«, sage ich und strecke ihr die Hand hin. »Ich bin Amelie.«

Sie heißt Sarah. Sie ist hübsch. Sie ist nett. Sehr höflich. Ich finde sie öde. Ich mache noch ein paar dreckige Witze, Nonni lacht, und dann sag ich, dass ich mal pissen muss. Als ich Richtung Klo gehe, sehe ich, wie er sie küsst. Die blöde Fotze.

Niko.

Hey, hey, hey, der Nonni mit seiner Neuen. Schönes Geschoss, sehr schönes Geschoss. Dicke Dinger und rote Locken, nicht schlecht, Alter, nicht schlecht, ja Nonni, da kann einem schon was aus der Hose wachsen. Ich geh gleich mal hin. Ich hau dem Nonni auf die Schulter, box ihm auf 'n Arm, so machen wir's immer, ja, immer machen wir's so. So und nicht anders.

»Was geht?«, sag ich. »Was geht ab, Mann?«

Er grinst und sagt, dass es gut geht, gut abgeht, und dass das da Sarah ist, und dabei nickt er die ganze Zeit mit dem Kopf, und ich frage mich, warum er das tut, und dann fällt mir auf, dass ich das auch mache. Sie lächelt mich an, sie hat super Zähne, ich steh auf gute Zähne. Die Musik ist laut, so muss es sein, so will ich es haben, es macht keinen Sinn, noch mehr zu reden, bei lauter Musik, aber ich will noch was von Nonni wissen und deshalb mach ich ein Entschuldigungszeichen zu der Kleinen. Ich ziehe Nonni am Arm in den Flur und frage ihn, ob er sie schon gefickt hat.

Sarah.

Entspann dich. Geh es ganz in Ruhe an. Die sind okay, die sind schon okay, seine Freunde. Waren ja erst zwei, da kann man noch nicht viel sagen. Und diese Amelie ist echt ganz nett. Die tut glaub ich nur so cool. Mir ist ein bisschen warm, ich würde gerne meinen Pulli ausziehen, aber ich hab nur ein durchsichtiges T-Shirt drunter und ich fühle mich irgendwie beobachtet. Ich bin zur Inspektion hier. Sie checken mich durch. Es ist wichtig, dass sie mich mögen. Ich stehe mitten im Raum, direkt unter der Diskokugel, ich komme mir ein bisschen verloren vor. Nonni ist mit diesem Niko im Flur, Nonni gestikuliert wild rum, der Niko lacht, dann stecken sie die Köpfe zusammen, es sieht nicht so aus, als würde Nonni gleich wiederkommen. Neben mir tanzen ein paar Mädchen. Soll ich mittanzen? Ich weiß nicht. Ich hab Nonni noch nie tanzen sehen. Ich würde lieber mit ihm tanzen als mit diesen Mädels, die ich nicht kenne. Ich bewege mich ein bisschen im Takt, aber nur ein kleines bisschen. Ich hab Nonni im Blick. Es klingelt. Niko geht zur Tür. Ich will schnell zu Nonni rüber, aber da ist Niko schon zurück.

Rocco.

Sie steht da ziemlich alleine rum. Ist mit Nonni gekommen, hat sich von Nonni küssen lassen, muss Nonnis neue Freundin sein. Wie heißt die noch? Sandra? Scheiße, ich vergess das immer. Obwohl es wahrscheinlich Sinn machen würde, mir ihren Namen zu merken. Nonni kriegt ganz glasige Augen, wenn er von ihr redet, und ich hab das Gefühl, dass es meinen alten Kumpel richtig erwischt hat. Der ist off the market. Und wenn er das bleibt, kapiert vielleicht auch Amelie endlich, dass er für sie nicht zu haben ist, und vielleicht sieht sie mich dann ja mal. Ich bin so unendlich scharf auf sie, und sie peilt es einfach nicht. Ich geh zu dieser Sandra oder Sabrina oder was rüber, ich werd ihr mal eine Zigarette anbieten.

»Hallo«, sag ich und grinse sie an, so nett ich kann. Die soll einen verdammt guten Eindruck von uns Jungs haben und auf keinen Fall Krach mit Nonni kriegen, nur weil sie denkt, wir wären alle solche Spacken wie Niko.

Sie sagt auch Hallo und lächelt. Sie ist echt ganz süß. Haste gut gemacht, Nonni, sie ist ein nettes Mädchen.

»Ich bin Rocco«, sage ich, »bin ein Freund von …«

Sie sagt, dass sie schon viel von mir gehört hat. Sarah. Ja, genau, Sarah, wusst ich's doch.

»Ich auch von dir«, sage ich. »Willst du eine Zigarette?«

Sie nimmt eine, sagt Danke und fragt mich ein paar Sachen über mein Leben. Dann reden wir über Filme und Musik und rauchen noch zwei, drei Zigaretten, ich schätze, mit der kann man gut auskommen. Als Nonni und Niko wiederkommen, freut sie sich sehr und ihr Gesicht fängt an zu leuchten und ich freue mich, dass sie mir noch kurz zulächelt, bevor sie Nonni einen Kuss gibt. Ich klatsche mit Niko ab und gehe weiter. Irgendwo in der Küche muss Amelie sein.

Kommst du mit in den Alltag?

Warum es in deinem Leben nicht nur die Liebe geben darf. Warum das wirklich wichtig ist. Was alles schief gehen kann, wenn man mal ein bisschen den Kopf verliert. Wie du cool bleibst. Wie aus Liebe Leben wird. Und was von dem Wort »Gewohnheit« zu halten ist.

Ja, ja, ja, die Liebe ist das Wichtigste. Trotzdem gibt es da auch noch ein paar Nebensächlichkeiten, es gibt Leute, die diese Kleinigkeiten sogar für ebenso wichtig wie deine neue Liebe halten. Das sind natürlich völlig verdrehte Ansichten, die diese Leute haben, aber sie finden immer wieder Mittel und Wege, ihre Ansichten durchzusetzen, und deshalb kommst du auch als frisch verliebter Mensch nicht drum herum, weiterhin zur Schule zu gehen oder zur Arbeit, Geige zu üben oder Schlagzeugunterricht zu nehmen (»Wir haben das die ganze Zeit bezahlt, das schießen wir jetzt nicht einfach in den Wind!«), endlich mit dem Mopedführerschein fertig zu werden, und vielleicht doch noch mit der Tennismannschaft aufzusteigen. Das kann einem verdammt auf die Nerven gehen, ich weiß das.

Achtung, Eilmeldung:

Fünfzehnjähriger gegen Laternenpfahl gekracht

Hamburg. Gestern gegen 18 Uhr wollte ein 15 Jahre alter Junge zum Fußballtraining fahren. Die Polizei vermutet, dass er in Zeitdruck gewesen sein muss und seine Kickschuhe zu Hause vergessen hatte. Dies zwang ihn wohl umzukehren, nochmal zurückzufahren und mit den Kickschuhen am Lenker ein höheres Tempo als für gewöhnlich vorzulegen. Warum er die Kickschuhe dann in einer Kurve verlor und völlig kopflos einen Laternenpfahl rammte, ist bisher ungeklärt. Es wird davon ausgegangen, dass der Junge verliebt ist.

Wenn du verliebt bist, interessiert dich nichts mehr als dieses umwerfende Gefühl, alles andere kommt dir schwachsinnig vor. Das Problem ist nur, dass du es in dieser Situation bist, der schwachsinnig ist. Schickt man jemanden, der verliebt ist, für eine Kopfuntersuchung zum Arzt, wird der Arzt schnell feststellen, dass der Patient einigermaßen verrückt ist. Nichts funktioniert im Liebestaumel mehr so, wie es sollte, die Hormone drehen durch, die Botenstoffe im Gehirn auch, die Nerven liegen blank.

Gymnasiastin biss Klavierlehrerin ein Ohr ab

Berlin. Am frühen Nachmittag hörten die Nachbarn im Stadtteil Charlottenburg laut Zeugenaussagen »einen schrillen Schrei«. Kurz darauf stürmte ein ca. 13-jähriges Mädchen aus der Wohnung der als äußerst streng bekannten Klavierlehrerin Lambertine F. Eine Bekannte fand Frau F. wenig später blutüberströmt in ihrer Wohnung. Die ältere Dame gab an, eine ihrer Elevinnen hätte ihr das Ohr abgebissen, weil ihr »der Klavierunterricht auf die Ketten geht« und sie »Besseres vorhat«. Es wird davon ausgegangen, dass das Mädchen verliebt ist.

Zwanzigjährige ignorierte Wasserschaden

Ampfing/Oberbayern. Eine kaputte Waschmaschine hat in einem Mehrfamilienhaus beträchtlichen Schaden angerichtet. Das ganze Ausmaß des Missgeschicks wurde erst sichtbar, als eine Freundin der Unglücksräbin deren Wohnungstür eintrat. Die Maschine gab wohl schon seit Stunden ein lautes Brummen von sich und auf dem Fußboden stand das Wasser knöcheltief. Die Mieterin der Wohnung lag mit glasigem Blick auf ihrem Bett und hörte Schnulzenmusik. Der Hauseigentümer geht davon aus, dass die junge Frau verliebt ist.

Dieser Zustand ist für den Körper übrigens maximal sechs Monate zu ertragen, deshalb schaltet das Gehirn die Verliebtheit nach einem halben Jahr ab. Das Gefühl löst sich dann entweder in nichts auf oder es wird Liebe daraus. Liebe ist langfristig angelegt und möchte in den Alltag integriert werden, wenn sie bleiben soll, darf sie sich nicht außen vor fühlen. Dazu ist es wichtig, überhaupt einen Alltag und ein Leben zu haben und während der Verliebt-und-völlig-durchgedreht-Phase nicht einfach alles über Bord zu kicken.

Dringende Meldung:

Zwergkaninchen verhungert

Glinde/Schleswig-Holstein. Ein 18 Monate altes Zwergkaninchen ist am helllichten Tage elendig verhungert. Schuld ist offenbar seine Besitzerin, die 16-jährige Nina S. Jahrelang hatte sie gezetert, dass sie dringend ein Kaninchen haben wollte. Aber plötzlich schien sie sich nicht mehr für das Tier zu interessieren und vergaß, es zu füttern. Die Eltern wiederum machten ihre Drohung wahr, dass sie sich nicht um »Hoppel« kümmern würden. Die ganze Gemeinde rätselt jetzt, womit das arme Tier dieses schreckliche Schicksal verdient hatte. Der Vorsitzende des Mopedclubs, in dem Janine S. in letzter Zeit öfter verkehrte, geht davon aus, dass sie in ihn verliebt ist.

Ich habe im Laufe meiner Verliebtheiten immer alles kaputtgeschlagen, was mich nicht interessiert hat. Ich bin zweimal durch die Führerscheinprüfung gerasselt, einmal sitzen geblieben, habe nach sieben Jahren die Klavierstunden hingeschmissen, habe Hunderte von Zahnarztterminen abgesagt, habe mein Studium abgebrochen, drei Freundinnen verloren, vier Nebenjobs und einen richtigen, meine Telefonleitung wurde alle paar Monate gekappt, ich konnte meine Krankenversicherung nicht mehr bezahlen, und wie oft meine Bank mir im Liebestaumel schon mein Konto gesperrt hat, das sag ich jetzt lieber nicht, ich will ja niemandem Angst machen.

Kurzer Zwischenruf:

Pärchen erklärte Chef, er solle »scheißen gehen«

München. Ein 28-jähriger Mann und eine 25-jährige Frau wurden im Kopierraum eines Münchner Familienunternehmens von ihrem Vorgesetzten beim Sex auf dem Fotokopierer erwischt. Der Chef forderte eine Erklärung von den beiden, woraufhin sie ihre Jobs kündigten und die Firma verließen, nicht ohne den völlig verdutzten Mann wüst zu beschimpfen. Es wird davon ausgegangen, dass das Pärchen verliebt ist.

Aber irgendwie kannst du das schon hinkriegen, mit der Liebe und dem Alltag. Lass von mir aus ruhig mal was sausen. Denk einfach gut drüber nach, was du gerne machen willst und was du machen musst und was wirklich keiner braucht. Wenn dein Leben sich verändert, ist das ja auch immer eine Möglichkeit, Wichtiges von Unwichtigem zu trennen.

Nicht minder schwierig wird es später, wenn die ganze Chose dann andersrum läuft. Wenn die erste, große Verliebtheit vorbei ist und es nicht mehr nur darum geht, die Liebe irgendwie in den Alltag zu kriegen, sondern den

Alltag in die Liebe, ohne dass sie Schaden nimmt. Das geht nur mit Hilfe eines heiklen Kreuzungsverfahrens, denn die Liebe ist ein zartes Pflänzchen. Sie ist so zart und so schrecklich angreifbar, man übersieht sie leicht und vergisst viel zu schnell, dass sie da ist, wenn sie nicht mehr andauernd »Herzklopfen, Herzklopfen!« schreit. Nur weil zwei Menschen sich aneinander gewöhnt haben, darf das schöne Gefühl der Selbstverständlichkeit nicht gleich mit Langeweile verwechselt werden.

Heutige Spitzenmeldung:

Romeo und Julia: Getrennt?

Dortmund. Wie soeben bekannt wurde, hat das größte Liebespaar aller Zeiten seine Liebe beendet. Der inzwischen 426 Jahre alte Romeo Montague und die mit ihren 424 Jahren immer noch bezaubernd schöne Julia Capulet hatten im Jahre 1596 wie durch ein Wunder ein beinahe tödliches Missgeschick überlebt und sich nach dem 2. Weltkrieg im Ruhrgebiet niedergelassen. Ihrem Alter entsprechend wurden sie schon in den letzten zehn Jahren nicht mehr allzu oft auf Partys gesehen, sie zogen lange gemeinsame Spaziergänge und gemütliche Fernsehabende vor. Frau Capulet sprach in Interviews zwar hier und da davon, dass sie sich langweile, niemand hätte aber vermutet, dass ausgerechnet dieses Paar in die Gewohnheitsfalle tappen würde. Jetzt scheint jedoch genau das passiert zu sein. In einer Pressemitteilung ließen die beiden verlauten, sie würden sich anöden und hätten sich wohl auseinander gelebt. Dortmund weint, die Welt trauert.

146

O je, o je. Das Gemeine am Alltag ist, dass er die Liebe nicht überfällt, sondern sich anschleicht, sich einnistet, die Liebe zukleistert und sie unkenntlich machen kann, wenn keiner drauf achtet. Die Liebe ist einfach das empfindlichere Gebilde von beiden. Aber es ist gar nicht so schwer, Gerechtigkeit zwischen den beiden zu schaffen. Man muss halt auf die Liebe hören, auf das kleine Rascheln und Knistern im Herzen, das immer da ist, wenn man den Menschen ansieht, den man liebt, und das eben leicht zu überhören ist, wenn man die Ohren nicht spitzt. Der Trick ist, vorher zu wissen, wann es rascheln kann. Der Trick sind Rituale.

Soeben reingekommen:

Wieder Verrückter vor Konditorei gesichtet

Schwerin. Zum wiederholten Male hat vor einer Konditorei in der Fußgängerzone ein etwa 19-jähriger und offensichtlich geistesgestörter Mann sein Unwesen getrieben. Die Inhaber der umliegenden Geschäfte haben beobachtet, wie er immer wieder gegen 11 Uhr vormittags vor dem Schaufenster der Zuckerbäckerei steht und Faxen macht, eine Art Tanz aufführt. Es werden Vermutungen laut, das seltsame Verhalten des jungen Mannes hänge mit der Auszubildenden des Konditorbetriebes zusammen. Dann muss wohl davon ausgegangen werden, dass der Täter das Mädchen liebt.

Man muss sich ja nicht gleich regelmäßig zum Affen machen. Es reicht, wenn du ab und an vielleicht mal mit zum Sport gehst und dem anderen beim Rennen zusiehst. Wenn er Band-Probe hat und sein Schlagzeugspiel dir kleine Schauer über den Rücken jagt. Oder wenn sie jobbt und die Art, wie sie mit den Kindern in der Tagesstätte umgeht, dich zum Lächeln bringt. Dabei sein ist wichtig oder zumindest erzählen und erzählt kriegen. Dinge gemeinsam tun ist wichtig. Jeden Dienstagabend zusammen ins Kino gehen und immer, immer, immer auf den gleichen Plätzen sitzen ist ein Riesenspaß, ich weiß das. Seht her, das sind unsere Plätze, das sind wir, wir gehören zusammen, wärt ihr auch gern so wie wir? Man muss die Chips dann nicht aus einer Tüte essen, aber es ist schön, wenn sich beim Reinfassen die Hände berühren und du weißt: Dies ist jetzt wirklich die einzige Hand, die mit dir in einer Tüte sein soll. Oder kleine Geheimnisse, die nur euch gehören, Vereinbarungen, die ihr getroffen habt: Leute mit Jacketts sind doof, also werden Leute mit Jacketts ausgelacht, zum Beispiel. Auf der Straße hält man nicht Händchen oder eben gerade doch. Lauter so Sachen. Zusammengehören bedeutet auch Gewohnheit, und das muss nicht sofort langweilig sein. Freitagnachts zusammen zu tanzen und zu trinken, bis der Morgen graut, ist eine schöne und garantiert nicht langweilige Gewohnheit. Und Gewohnheit bedeutet Verlässlichkeit, es bedeutet, dass da jemand ist für dich, jemand, der deinen Kopf hält, wenn du traurig bist, und deine Hand, wenn du Angst hast. Jemand, der mit dir lacht und mit dir weint. Jemand, der mit dir einschläft und mit dir aufwacht. Es ist noch nicht lange her, da ist mein Freund bei mir eingezogen, es ist das erste Mal, dass einer bei mir einziehen durfte. Und der schönste Moment meines Tages ist der, wenn ich

148

abends nach der Arbeit in der Küche sitze und Kaffee trinke, so wie ich das immer mache, und dann höre, wie er von außen den Schlüssel ins Schloss steckt und die Tür aufmacht. Dann raschelt es in meinem Herzen und ich freue mich, als wäre ich ein junger Hund.

Letzte Meldung:

Glückliches Pärchen aufgetaucht

Frankfurt / Main. Große Verwirrung gab es heute Vormittag auf der Frankfurter Zeil. Passanten hatten wieder mal dieses Pärchen gesehen, das ein solches Zusammengehörigkeitsgefühl ausstrahlte, dass einige Leute sich berufen fühlten, die Polizei zu alarmieren. Die beiden tauchen konsequent jeden Donnerstag auf der Einkaufsstraße auf und es scheint sie nicht zu langweilen. Die Vermutung liegt nahe, dass die beiden sich lieben.

Bis einer weint!

Es kommt vor. Es gehört irgendwie dazu. Vielleicht muss es sogar sein. Es ist aber auf jeden Fall mit Vorsicht zu genießen, denn aus Versehen kann auch schnell ernst werden: Streiten.

Er hat gefragt, was denn jetzt schon wieder los ist. Ich hab keine Ahnung, was denn los sein soll. Ich bin halt schlecht gelaunt heute. Mein Tag begann mit einem Versprecher, dann ist mir die Milchflasche aus der Hand gerutscht, dann ist mir der Fahrradreifen geplatzt, dann bin ich zu spät in die Schule gekommen, wurde deshalb an die Tafel zitiert, um eine Gleichung mit zwei Unbekannten zu lösen, das hab ich natürlich nicht hingekriegt, und schon um 9 Uhr 32 meine erste Fünf kassiert. Die zweite gab es dann, als wir in der letzten Stunde unsere Französischarbeit zurückbekommen haben. Was soll also sein? Der soll mich einfach in Ruhe lassen. Und mich jetzt nicht schon wieder anfassen, bitte.

Nichts, hat sie gesagt. Gar nichts, hat sie gesagt. Und sie ist zusammengezuckt, als ich den Arm um sie legen wollte. Toll, angeblich gibt es kein Problem, aber es scheint doch eines zu geben, und zwar mich. Ich suche ihre Augen, und es fehlt der Glanz darin, der normalerweise da ist, wenn sie mich ansieht. Sie guckt mich an, als wäre ich ein Auto und sie ein Kühlschrank. Ob sie weiß, wie weh ihr Blick tut? Tut er ihr vielleicht sogar auch weh? Bin ich es, der diese Schmerzen verursacht? Hab ich was falsch gemacht? Was will sie von mir? Soll ich abhauen?

Er hat gefragt, ob er lieber wieder gehen soll. Das ist seine Art, mir ein schlechtes Gewissen zu machen. Das macht er immer, wenn nicht gleich alles so läuft, wie er es sich vorstellt. Er denkt, wenn er mir zu verstehen gibt, dass er sich nicht wohl fühlt, dass er sich grade jetzt deshalb nicht wohl fühlt, weil ich es bin, die er vor sich hat, dann werde ich schon dafür sorgen, dass er sich wieder wohl fühlt. Aber ich bin doch nicht für sein Seelenheil zuständig. Ich hab ja mit meinem eigenen Seelenheil schon genug zu tun. Muss er wissen, ob er gehen soll. Nicht anfassen!

Wie jetzt: Geh, wenn du willst, bleib da, wenn du willst. Was denn? Gehen oder bleiben? Die hat doch grade gar keinen Bock auf mich, das merk ich doch. Das ist richtig aggressiv, wie sie das sagt. Schubst mich fast weg mit ihren Worten. Oder denk ich das nur und sie hat mich grade wirklich geschubst? Ja, ich glaube, sie hat mich ein bisschen geschubst. Vorhin am Telefon noch rumjammern, dass sie mich unbedingt heute Abend sehen will, und jetzt wegschubsen, oder was? Versteh einer die Frauen. Ich frage nochmal: Was will sie?

Was ich will? Was ICH will? Wieso interessiert ihn das plötzlich? Hat ihn doch die letzten Wochen auch nicht interessiert. Der Herr musste ja immer zum Skateboarden und in seinen blöden Club, da wurde ich nie gefragt, ob ich da Bock drauf hab, wenn ich überhaupt gefragt wurde, ob ich mit will. Und was ich jetzt will? Was weiß ich denn? Wieso muss ich immer wissen, was zu tun ist? Ich hab so eine verdammte Scheißlaune. Und er muss wissen, ob er damit klarkommt oder nicht. Ich bin nun mal so, wie ich bin, und wenn ihm das nicht passt, dann soll er sich halt vom Acker machen.

Jetzt soll ich plötzlich wissen, ob sie will, dass ich bleibe oder nicht. Mach einfach irgendwas, hat sie gesagt. Klasse. Arschkarten zu vergeben? Immer her damit, bei mir sind sie gut aufgehoben. Weiber. Echt. Alles, was ich jetzt mache, ist doch eh falsch. Das seh ich an ihren Augen. Und überhaupt: Was, bitte, erwartet sie? Soll ich mir jetzt eine Handpuppe anziehen und gute Laune verbreiten? Wo soll ich die hernehmen? Die Handpuppe, meine ich. Gute Laune ist ja hier anscheinend sowieso Mangelware. Kein Wunder, die Temperaturen in diesem Raum gehen gegen null. Ich nehme sie in den Arm. Wärme hilft doch gegen alles, oder? Jetzt fängt sich auch noch an zu heulen.

Ja, klar, das Beste in solchen Situationen ist immer, gar nichts zu sagen, hm? Steht da und glotzt mich an, als wäre ich ein Monster, aber den Mund macht er vorsichtshalber nicht mehr auf. Unfähig. Es scheint so, als hätten wir hier ein Problem zu bewältigen, was für eines das ist, weiß ich nicht genau, aber ich fühle doch, dass hier was nicht stimmt, und das liegt garantiert nicht nur an meiner schlechten Laune. Und statt was zu sagen, zu unserem Problem, nimmt er mich in den Arm, das ist so ziemlich das Letzte, was ich jetzt brauche, da muss ich immer das Heulen anfangen. Ich klammere mich an ihm fest, stoße ihn gleichzeitig weg und heule erst mal. Ich halte so was ganz schlecht aus, so ohne reden.

Sie heult. Ich weiß nicht, was ich sagen soll.

Ich heule. Nicht hinschauen, bitte. Ich schäme mich immer so, wenn ich heulen muss, aber ich kann nicht anders. Liegt vielleicht doch an diesem blöden Tag. Ich fühle mich schuldig. Ich hab uns den Abend versaut. Wahrscheinlich wäre er jetzt wirklich lieber woanders.

Sie sagt, dass sie verstehen kann, wenn ich lieber gehen will, mit ihr wäre heute wohl nichts anzufangen. So leicht wird sie mich nicht los. Und dann erst mal die Freundinnen anrufen und erzählen, was ich für ein gefühlloser Idiot bin. Nee, Baby. Nicht mit mir. Jetzt sag ich doch was: Damit du dann deine Freundinnen anrufen und ihnen wieder erzählen kannst, was ich für ein gefühlloser Idiot bin.

Er versteht es nicht. Er versteht nicht, dass ich ihn jetzt ganz dringend brauche, und dass ich doch nur hören will, dass er mich liebt, egal, wie scheiße ich manchmal bin. Er versteht nichts. Gefühlloser Idiot.

Sie macht sich los, schaut mich nicht an, sagt, dass ich ein gefühlloser Idiot bin, dreht sich um, geht ins Bad und schließt die Tür ab. Das kenn ich schon. Unter einer Stunde und zwei Eimer Tränen krieg ich sie da nicht raus. Vielleicht sollte ich wirklich gehen. Heute wird das nichts mehr. Blöd: Grade wollte ich noch mit ihr schlafen, jetzt will ich nur noch Skateboard fahren. Ich gehe zum Badezimmer, rutsche an der Tür runter und setze mich da hin. Ich brauche einen Plan. Ein Kuss wäre nicht schlecht. Würde ihr gefallen. Aber wie, bitteschön, soll das gehen?

Mann, das geht gar nicht hier. Wieso hab ich mich eingeschlossen? Wie komm ich aus der Nummer wieder raus, ohne mein Gesicht zu verlieren? Ich mach das viel zu oft, das mit dem Einschließen. Damit versau ich mir nochmal alles. Ich mach das ja nur, weil ich nicht will, dass er mir beim Heulen zuschaut. Der soll die Tür aufbrechen und mich hier rausholen, dann hör ich bestimmt auf.

Warten, warten, warten. Wo bleibt mein Plan? Ihr Geheule tut mir weh. Ich will nicht, dass sie wegen mir heult. Ich will nicht, dass sie mich scheiße findet. Ich will, dass sie mich toll findet.

Wenn er mich bis eben noch nicht scheiße fand, dann tut er es spätestens jetzt. Ich will so nicht sein. Ich will nicht so ein Drama veranstalten. Ich mach das doch nur, wenn es um ihn geht. Warum bringt der mich immer dazu, so zu sein? Ich höre ihn an der Tür kratzen. Er sagt, dass ich mal mit dem Weinen aufhören soll, das würde doch nichts bringen. Dann sagt er nichts mehr.

Ich wäre es doch immer, der sie zum Weinen bringt, sagt sie. Das ist schon lustig, wie ihre Stimme umkippt, wenn sie heult und gleichzeitig redet. Aber es ist auch ganz schrecklich, wenn ich sie schluchzen höre, weil ich weiß, wie sie sich dann krümmt und ihr Körper sich schüttelt. Ich merke, wie ich meine Waffen nehme, sie zum Fenster rausschmeiße und sofort völlig wehrlos bin. Es tut mir so Leid, dass sie wegen mir weint, dass ich scheinbar so ein grässlicher Kerl sein kann, so böse und gemein, und das macht mich hilflos, denn ich weiß ja nur, dass ich wohl grässlich sein muss, aber ich weiß nicht, warum, ich weiß nicht, was genau ich denn jetzt gemacht oder gesagt habe, dass es ihr so wehtut. Ich frage mich, was passieren muss, damit ich mal heule, und da fallen mir wirklich nur die allerschlimmsten Sachen ein, an die ich nicht mal denken will. Sie heult ja immer sofort, wenn mal was ist, und auch, wenn eigentlich gar nichts ist, so wie heute. Das macht mich fertig. Soll ich meine Jacke nehmen und gehen? Nein, da würde ich mich noch mieser fühlen. Sie kann ja nichts dafür. Sie macht das ja nicht mit Absicht. Ich muss sie doch trösten. Sie will doch getröstet werden, oder? Oder was? Was zum Teufel hab ich denn falsch gemacht?

Ich höre ihn atmen und nachdenken und mit dem Kopf schütteln. Er sagt immer noch nichts. Und ich: Ich beruhige mich langsam. Ich könnte sogar locker aufhören mit dem Heulen. Ich will aber nicht. Ich heule alles weg, los, raus mit dem Scheiß, mit meinem verbockten Tag, mit meinem dicken Hintern, mit meinem Freund, der mich nicht versteht. Was ist eigentlich mit meinem Hintern? An den hab ich schon lang nicht mehr gedacht. Vielleicht ist der das Problem. Vielleicht findet er ihn auch zu dick und weiß nur nicht, wie er es mir sagen soll. Ich fasse meinen Hintern an und: Oh ja. Der ist echt zu dick. Wie soll man denn da glücklich werden?

Hä? Hat sie mich jetzt gefragt, ob es an ihrem Hintern liegt? Tatsache. Hat sie. Das gibt's doch gar nicht. Unser alter Witz. Wenn das so ist, dann sieht es gar nicht so schlecht aus für mich. Da muss ich doch mal nachfragen, was sie gesagt hat.

Ich frage ihn nochmal, ob es an meinem Hintern liegt, ob der zu dick ist. Ich glaube, er hält die Luft an. Und dann lacht er. Der lacht. Der lacht mich aus. Der spinnt. Ich mach mich hier wegen ihm und meinem Hintern zum Deppen und er lacht. Geht's noch?

Sie kommt raus. Sie starrt mich an, als wäre ich Godzilla höchstpersönlich. Sie hat gar keinen Witz gemacht, als sie das mit ihrem Hintern gesagt hat. Sie hat das ernst gemeint. Jetzt hasst sie mich. Sie sagt: Arschloch. Blödes, verschissenes Arschloch. Sie nimmt ihre Jacke, Wohnungstür auf, raus, Wohnungstür zu. Bumm.

Die Treppen runter, nur schnell die Treppen runter. Die Tränen laufen mir wieder aus den Augen, ich kann gar nicht sehen, wo ich hinrenne, hab Angst, dass ich gleich falle, egal, raus hier, weg von dem Arschloch. Ja, wir machen immer Witze über meinen dicken Hintern und seine dünnen Arme, aber nicht jetzt. Das muss der doch merken, dass das wehtut, wenn er in so einer Situation über meinen Hintern lacht. Ich kann hören, wie oben die Wohnungstür nochmal aufgeht und wieder zu und wie er mir nachrennt, die Treppen runter. Wenn er das jetzt nicht machen würde, wäre es echt vorbei.

Irgendwie tut es mir Leid, tut sie mir Leid. Ich hätte mich ja auch mal zusammenreißen können, hätte mal checken können, dass sie jetzt nicht zu Späßen aufgelegt ist. Aber wie, zur Hölle, soll ich denn wissen können, was die Madame denkt, wenn sie nichts sagt und nur heult und ich keine Ahnung hab, was hier los ist, und dann kommt der Hintern-Spruch, genau so, wie er sonst auch immer kommt, wenn wir uns drüber kaputtlachen, wenn zum Beispiel ihre Eltern rumnölen und sie dann fragt, ob es an ihrem Hintern liegt, und wir uns wegschmeißen, weil wir das beide so lustig finden, wie ihre Mutter dann guckt. Vielleicht darf man sich auch mal was wünschen, dass sich eine blöde Situation in einem Witz auflöst vielleicht, und, Himmel, da kann man doch schon mal was falsch verstehen. Was man allerdings überhaupt nicht falsch verstehen kann, ist dieses Wort: Arschloch. Sie hält mich also für ein blödes, verschissenes Arschloch. Na fein. Dann zeig ich ihr jetzt mal, was ein Arschloch ist.

Er hat mich eingeholt. Brüllt mich an. Rastet total aus. Er sei also ein Arschloch, ja? Ein Arschloch? Dann will er mir mal was sagen, sagt er und sagt, nein, schreit es mir ins verheulte Gesicht: HYSTERISCHE KUH! Wie ich das denn jetzt finden würde, brüllt er noch, wie sich das denn jetzt anfühlen würde, wenn ich so was gesagt kriege, will er wissen.

Sie hört auf der Stelle auf zu heulen, ihre Augen blitzen. Ich hab sie noch nie brüllen gehört, aber ich glaube, jetzt hör ich es gleich. Nein. Falsch. Sie brüllt nicht. Sie zittert nur. Ich soll sie doch gleich fette Kuh nennen, sagt sie, ich soll doch wenigstens ehrlich sein, wenn ich sie schon beschimpfe. Dann sag ich es halt. Von mir aus. Wenn sie schon endlich mal sagt, was sie hören will, dann soll sie es auch hören.

Fette Kuh. Aua. Fette Kuh. Aha. Fette Kuh also. Na dann.

Sie hat Recht. Ich bin ja wirklich ein Arschloch. Das hätte ich nicht sagen dürfen. Weil es nicht stimmt. Sie ist nicht fett. Sie ist wunderschön. Sie hat einen schönen Busen und einen schönen Hintern. Sie hat so ein schönes Gesicht. Ihr Gesicht, das sie von mir abwendet, damit ich nicht sehen kann, wie sie wieder anfängt zu weinen. Ihr Gesicht, das aussieht wie das Gesicht von einem Engel, kommt mir jetzt vor wie ein Dämon, mein trauriger Teufel, der mir zeigt, was ich alles falsch mache, was ich denn hier eigentlich tue, wo ich doch will, dass es ihr gut geht, dass sie glücklich ist. Wir sollten hier nicht rumstehen und uns anschreien, ich sollte sie nicht anschreien, ich sollte sie bei der Hand nehmen und mit ihr durch den Regen laufen, ihr sagen, wie schön sie ist, wie schön es ist, dass sie meine Freundin ist. Stattdessen sage ich nichts und sehe den Regen auf ihr Gesicht fallen, und ich weiß nicht, ob es der Regen ist, der die kleinen Rinnsaale auf ihren Wangen entstehen lässt, oder ob das ihre Tränen sind. Ich muss jetzt was sagen. Was Nettes.

Es tut ihm Leid. Er sagt, dass es ihm Leid tut. Dass ich das bitte vergessen soll, was er grade gesagt hat.

Das kann sie nicht vergessen, sagt sie. Ich weiß, dass sie das nicht kann. Und vergeben?

Vergeben. Ja, vielleicht. Kommt drauf an. Er zieht seine Jacke aus und seinen Pulli und sein T-Shirt und so steht er vor mir, lässt die Schultern hängen, streckt seine Arme nach mir aus, seine wahnsinnig dünnen Arme. Schau, sagt er. Wenn du einen mit so dünnen Ärmchen lieben kannst, dann kannst du ihm auch vergeben. Mitten in der Kälte und im Regen steht er da. Der soll sich was anziehen. Ich will nicht, dass er krank wird. Und jetzt ist mal gut. Ich hab angefangen mit dem Scheiß und ich werde das jetzt auch beenden.

Ich weiß nicht mehr, wer angefangen hat. Vielleicht war sie es, vielleicht war ich es. Sie hört auf zu weinen. Ja, ich glaube, sie hört auf zu weinen. Ich ziehe mich wieder an. Mein T-Shirt, meinen Pulli, meine Jacke. Ich gehe vorsichtig auf sie zu. Nehme sie in den Arm, sie lässt mich. Da haben wir aber grade so die Kurve gekriegt. Kann mal jemand Geigen in den Himmel hängen?

Das Herz geht zum Messer, bis es sticht

Von Fieber, Blut und Monstern. Der Horror hat einen Namen: Eifersucht.

So wie jede Krankheit fängt auch die Eifersucht mit einem leichten Unwohlsein an. Mit Niedergeschlagenheit, Frösteln und einem undefinierbaren Ziepen in der Herzgegend. Die Seele wird mit einem Virus infiziert, einem Leiden, das einen von innen auffrisst und im schlimmsten Fall Persönlichkeitsveränderungen nach sich zieht. Von außen erkennbar ist Eifersucht höchstens an Wutpickeln und vor Zorn abstehenden Haaren.

Der Krankheitserreger ist meistens nur eine Kleinigkeit, die du kaum wahrnimmst. Ein Lächeln zu wenig oder zu viel, ein komisches Wort, ein seltsamer Tonfall, ein schlechter Traum. Zuerst versuchst du, es zu ignorieren, wie du ein kleines Kratzen im Hals ignorierst, und denkst: Wenn ich mich nicht drum kümmere, geht es einfach weg und morgen bin ich wieder gesund. Natürlich bist du am nächsten Tag nicht wieder gesund, du hast nicht nur üble Halsschmerzen, sondern auch noch einen nervigen Schnupfen. Deine Laune verschlechtert sich. Und dann kommt das Fieber, fies und eklig kriecht es dir in die Knochen, in jede Faser deines Körpers, deiner Seele. Langsam, aber sicher gehen bei dir die Lichter aus. Das Fieber steigt und steigt, bis du es kaum noch aushalten kannst, und für die anderen wird es dann auch schwierig. Du fantasierst, bist nicht mehr ansprechbar, wie im Wahn

wälzt du dich in deinem Leben rum, du schwitzt und
frierst, du gehst durch die Hölle und gehst immer weiter,
so lange bis du morgens aufwachst, aus der Nase blutest
und dir keiner mehr helfen kann. Heilung? Endgültige
Genesung? Selten. Das Gemeine an dieser Krankheit, an
der schrecklichen Eifersucht ist nämlich: Hast du sie dir
erst mal eingefangen, gibt es keine Medizin dagegen, sie
ist mit nichts zu behandeln. Und die Krankheit ist in den
meisten Fällen chronisch. Einmal eifersüchtig, immer eifersüchtig.

Eifersüchtig kannst du grundsätzlich natürlich auf alles
und jeden sein. Auf deine große Schwester oder deinen
kleinen Bruder, auf den Freund deiner besten Freundin
oder auf die Freundin deines besten Freundes, auf deine
beste Freundin, weil der Typ, in den du verliebt bist, sie
besser findet als dich, auf deinen besten Freund, weil das
Mädchen, in das du verliebt bist, ihn besser findet als dich,
auf deine Eltern, deinen Hund, deine Katze, ein Fahrrad.
Du kannst auch eifersüchtig sein auf Leute, die du gar
nicht kennst, es reicht, wenn jemand, den du für dich be-
anspruchst, immer so nett von irgendwem anders redet,
dass du das Gefühl hast: Den oder die hast du lieber als
mich? Wie kann das sein? Von mir sprichst du nie so.

Eifersucht ist eines der miesesten und zerstörerischsten
Gefühle der Republik, es geht immer damit los, dass du
Angst hast, dir könnte jemand was wegnehmen. Dass das,
was dir besonders wichtig ist, nicht mehr dir ganz alleine
gehören könnte. Aber wenn du dich auf diese Angst ein-
lässt, wenn du zulässt, dass sie Besitz von dir ergreift,
wird sie unkontrollierbar und macht dich kirre, so lange,
bis du vielleicht wirklich was verloren hast. Stell dir vor,
ihr liegt abends im Bett und seid am Knutschen und das
Telefon klingelt. Nervig, hört nicht auf zu klingeln.

»Gehst du mal ran?«

»Och nö.«

»Warum nicht?«

»Keinen Bock jetzt. Ruft schon wieder an.«

Hm. Weiter knutschen, bisschen fernsehen, bisschen Musik hören.

»Gehen wir noch raus?«

»Lieber nicht, ich weiß nicht, ich mag nicht.«

»Wieso denn nicht?«

»Ach, ich hab keine Lust auf andere Leute.«

So weit, so unspektakulär, an der Situation ist nichts Verdächtiges. Aber nur, falls nicht die Eifersucht ins Spiel kommt. Wenn die Eifersucht sich von hinten anschleicht, sich einem von den beiden ins Genick setzt, sich in Kopf und Herz gräbt, wird es gefährlich. Der eine Kopf, der der nicht ans Telefon gegangen ist und nicht mehr raus will, dem kann nicht viel passieren, für den ist alles normal. Der andere Kopf aber, der will plötzlich drei Dinge wissen:

a) Wer hat angerufen?

b) Wer soll nicht getroffen werden?

c) Wen darf ich nicht zu Gesicht kriegen?

Und schon ist die Eifersucht im Herzen, hat es fest zwischen ihren Klauen. Und das tut scheißweh. Die Klauen dringen in das Herz ein, bohren da drin rum, es gibt kleine Blutungen an allen Ecken und Enden, und sind die einen gestillt, fangen die nächsten an. Die Eifersucht wächst und wuchert, ist wie ein Geschwür und beginnt das Herz aufzufressen. Verdrängt die Liebe und gebiert Wut, schafft Platz für Hass und Angst. Da, wo das Herz war, ist jetzt ein Monster, das Monster wird immer größer, so groß, dass es aus der Schädeldecke austritt und sich dem armen, eifersüchtigen Tropf auf den Kopf setzt. Dort fängt das Monster an zu geifern und zu zetern, die Spucke läuft ihm aus dem Mund.

»Wer hat da grade angerufen?«

»Keine Ahnung.«

»Das glaub ich dir nicht.«

Die Stimme, mit der die Eifersucht spricht, ist böse und gemein, aber nicht kalt, nein, ganz und gar nicht kalt, die Stimme ist heiß und leidet.

»Warum willst 'n du jetzt nicht mehr rausgehen? Wir gehen abends doch immer nochmal raus?«

»Ich find's kalt draußen. Und ich hab doch grade schon gesagt, dass ich keine Lust mehr auf Leute habe.«

»Du hast Angst, wir könnten jemanden treffen, den ich nicht treffen soll!«

»Spinnst du jetzt?«

Ja, die Eifersucht spinnt total. Sie macht, dass du einfach aufhörst, an das zu glauben, woran du die ganze Zeit geglaubt hast. Sie macht, dass du das Vertrauen verlierst und um dich rum nur noch Ganoven und Verbrecher siehst.

»Wo warst du gestern Abend?«

»Zu Hause. Wieso?«

»Nur so.«

»Sag mal, bist du jetzt eifersüchtig, oder was? Was soll denn die Scheiße?«

Darauf wird dann nicht mehr geantwortet. Da wird sich entzogen und dann wieder mit Karacho auf den anderen losgestürmt. Da wird gepiekst und gestichelt, gehackt und gestochen, gehauen und geheult, bis alles am Boden liegt, bis alle traurig sind und gekränkt und keiner mehr mit dem anderen reden will.

Da kommt also einfach so die Eifersucht um die Ecke gebogen, grundlos, gnadenlos und bratzig, macht alles kaputt und ist für niemanden zu verstehen. Sie beschwört ein Riesentheater herauf, fackelt ein Feuerwerk der schlechten Laune ab, tut weh und zerstört. Eifersucht ist der Verlust von Vertrauen oder ein Zeichen dafür, dass Vertrauen sowieso noch nie da war. Weder das Vertrauen in den anderen noch das Vertrauen in sich selbst. Wie klein muss man sich fühlen, um in einem nicht angenommenen Anruf eine Bedrohung zu sehen? Wie kann man jemandem, den man liebt, den man für einen tollen Menschen hält, wegen einer Nichtigkeit Betrug unterstellen? Das ist mies und fies und unter aller Kanone, aber das Schlimmste, das Allerallerschlimmste ist: Man kann es dem Eifersüchtigen nicht mal vorwerfen, man kann es ihm nicht austreiben, er wird niemals lernen, dass Eifersucht ein großer Haufen Dreck ist, denn ein eifersüchtiger Mensch kann nichts dafür. Er ist von einer Krankheit befallen, unter der er selbst am meisten leidet. Die ihn dazu zwingt, jedes Wort, jede Geste, jede Mimik, jede Berührung auf die Goldwaage zu legen, nichts mehr einfach so zu nehmen, wie es ist, alles immer zu interpretieren und für Böse zu halten.

Aber wenn ich doch betrogen werde, wenn ich doch so verdammt beschissen betrogen werde? Dann ist das Betrug und da hilft dir Eifersucht auch nicht mehr weiter. Dann kannst du nur noch schreien und schlagen und weinen, dann kannst du dich nur noch entscheiden zwischen gehen oder bleiben. Aber lass nicht zu, dass die Eifersucht dich kriegt. Gib ihr einen Tritt, wenn sie was von dir will. Einen heftigen Tritt, damit sie möglichst weit fliegt. Sie soll Angst haben vor dir. Nicht du vor ihr.

Wir müssen reden

Es ist schlimmer als der Tod. Es tut entsetzlich weh. Schluss machen.

Von: miss.golightly@yahoo.com
An: jake87@gmx.net
Gesendet: 30. April 2002, 23:41
Betreff: Brief

Lieber Jakob,
wir kannten uns noch nicht lange, da hab ich dir erzählt, dass ich anfange Briefe zu schreiben, wenn ich nicht mehr weiter weiß. Wenn ich keine Worte mehr finde, wenn ich Angst bekomme und mich nichts mehr traue. Du hast gesagt, dass du hoffst, niemals einen Brief von mir zu bekommen. Jetzt bekommst du eine E-Mail, das ist nicht so schlimm wie ein Brief, aber ich schätze du weißt, dass es schlimm genug ist. Ich weiß nicht mehr weiter und ich habe Angst.
Wir haben uns seit Tagen nicht mehr gesehen, wir haben seit Tagen nicht mehr miteinander geredet. Wir haben uns seit Tagen nicht mehr geküsst. Seit Wochen schon schlafen wir nicht mehr miteinander, manchmal habe ich sogar das Gefühl, du magst mich nicht mal mehr anfassen. Hier stimmt was nicht. Hier stimmt was überhaupt nicht. Was ist los mit uns? Liebst du mich nicht mehr? Liebe ich dich nicht mehr? Ich weiß es nicht. Wir müssen dringend reden. Mir wird ganz schlecht, wenn ich daran denke.
Deine Holly.

Von: jake87@gmx.net
An: miss.golightly@yahoo.com
Gesendet: 1. Mai 2002, 13:41
Betreff: Re: Brief

liebe holly, jetzt hast du mir eine mail geschrieben und doch irgendwie einen brief.

ja, es stimmt, ich hatte immer gehofft, niemals einen brief von dir zu bekommen, aber in den letzten wochen habe ich damit gerechnet, jeden tag habe ich erwartet, einen brief von dir zu bekommen, vielleicht habe ich es mir sogar gewünscht, weil ich ja auch keine ahnung habe, wie das mit uns weitergehen soll, ich hatte gehofft, dass du es weißt.

ich weiß nicht mehr als du, ich habe auch das Gefühl, dass wir miteinander reden müssen,

oder sollen wir uns einfach gar nicht mehr sehen?

was meinst du?

ich will dich sehen, ich will nicht, dass es einfach so zu ende ist.

heute abend?

so um sieben?

am alten bootsanleger?

ich bin da. komm, wenn du magst.

der jakob.

Von: miss.golightliy@yahoo.com
An: jake87@gmx.net
Gesendet: 1. Mai 2002, 13:59
Betreff: Re: Re: Brief

Okay, Jakob, wir sehen uns am Bootssteg. Bis dann. Jetzt
hab ich noch mehr Angst.
Deine Holly.

Von: jake87@gmx.net
An: miss.golightly@yahoo.com
Gesendet: 1. Mai 2002, 14:07
Betreff: ich hab …

… doch auch angst ich doch auch
der jakob.

Von: jake87@gmx.net
An: miss.golightly@yahoo.com
Gesendet: 2. Mai 2002, 03:34
Betreff: verdammte scheiße

scheiße holly scheiße das geht so nicht
ich will das nicht, es tut weh, ich muss heulen, ich hab
ewig nicht mehr geheult, aber jetzt flenn ich hier rotz
und wasser, das kannst du nicht machen, ich dreh durch.
morgen ist beschissen, scheiße kackschule, da kann ich
nicht hingehen, wie soll ich da morgen hingehen, ich
muss kotzen, das kannst du nicht machen, wir waren so
cool zusammen, bitte mach das nicht, sag dass du das
nicht kannst, ich kann das auch nicht. oh mann holly ich

kann ja nicht mal deinen namen schreiben ohne zu
heulen holly holly holly das ist schlimmer als tot sein
j.

Von: jake87@gmx.net
An: miss.golightly@yahoo.com
Gesendet: 2. Mai 2002, 04:11
Betreff: holly …

… warum gehst du nicht ans telefon geh bitte ans telefon
bitte

Von: miss.golightly@yahoo.com
An: jake87@gmx.net
Gesendet: 2. Mai 2002, 17:28
Betreff: Im Nebel

Lieber Jakob,
als ich dich gestern da am Anleger stehen sah, ist mir mein
Herz in tausend kleine Stücke zerbrochen, in spitze kleine
Teile, die sich durch meine Haut nach draußen bohrten,
und das so fies, dass mir gleich mein ganzer Körper
wehtat, dass ich kaum noch gehen konnte. Und mit jedem
Schritt, der mich näher zu dir brachte, wurde es schlimmer. Ich hab dich angeschaut, hab schon von weitem
versucht, in deinem Blick zu lesen, was gleich passieren
wird. Ich hab gehofft, dass wir uns in den Arm nehmen,
dass wir uns küssen, dass wir reden, ein bisschen spazieren gehen, wieder reden, uns im Arm halten, uns wieder
küssen, dass vielleicht einfach alles wieder gut wird,
irgendwas wieder gut wird, aber ich hab nicht mit dem

gerechnet, was dann kam. Was dann kam, war ein Bauch-
schuss, ein beschissener Schuss in meinen Bauch. Du hast
mich nicht umarmt. Du hast mich nicht geküsst. Du hast
mich nicht mal berührt. Du hast vor mir gestanden, die
Hände in den Hosentaschen. Du hast mich angeschaut,
als wär ich ein Versicherungsvertreter. Du hast gesagt,
dass du nicht weißt, was los ist. Du konntest keine meiner
Fragen beantworten. Du hast immer nur gesagt: Ich weiß
nicht. Du hast mich überhaupt nichts gefragt. Ich war dir
scheißegal. Es war dir egal, dass mir alles wehtat. Du hast
mich kaum angesehen. Du hast mich einfach stehen
lassen, einfach hängen lassen, einfach so, und mir war so
arschkalt. Und jetzt sagst du, dass das so nicht geht. Dass
ich das nicht machen kann. Du spinnst.
Holly.

Von: jake87@gmx.net
An: miss.golightly@yahoo.com
Gesendet: 3. Mai 2002, 00:05
Betreff: Re: Im Nebel

weißt du holly du bist mir nicht egal
ich konnte nichts sagen
ich konnte dich nichts fragen, ich wusste nicht was
es war schrecklich, ich wollte so gerne, dass alles wieder
so ist, wie es war, einfach wieder so wie es war.
ich wollte was tun, aber da war nix, was ich tun konnte,
du warst so weit weg, immer immer weiter weg.
du bist gegangen und jetzt bist du weg und wenn ich die
augen zu mache, sehe ich nur dich, dann bist du wieder
da und das ist schlimmer, als wenn du weg bist.
dein jakob.

Von: miss.golightly@yahoo.com
An: jake87@gmx.net
Gesendet: 3. Mai 2002, 00:21
Betreff: zwischen Licht und Dunkel

Ach, Jakob,
ich bin doch noch längst nicht weg. Solange es mir so das
Herz zerreißt, wenn ich an dich denke, bin ich nicht
weg. Ich kann ja gar nicht weg. Wir sind doch aneinander festgewachsen, weißt du noch? Damals, als wir
wirklich den ganzen Tag so getan haben, als wären wir
aneinander festgewachsen, das war total bescheuert, aber
es war richtig, es hat gestimmt. Als ich dich am Steg
gefragt hab, ob es das jetzt war, hätte ich schwören
können, dass mir jemand gerade ein Bein oder einen
Arm abschneidet, allein die Frage hat schon gereicht. Ich
kann mir das alles nicht vorstellen. Ich kann mir nicht
vorstellen, dich nicht mehr zu sehen, nicht mehr deine
Freundin zu sein. Ich weiß nicht, wie das geht.
Holly.

Von: jake87@gmx.net
An: miss.golightly@yahoo.com
Gesendet: 4. Mai 2002, 07:13
Betreff: Re: zwischen Licht und Dunkel

hollybaby ich hab nachgedacht:
wo ist eigentlich unser problem warum funktioniert es
nicht mehr?
du hattest das gefühl von mir scheiße behandelt zu
werden. ich hatte das gefühl, du liebst mich nicht mehr,
deshalb war ich so zu dir, ich hatte schiss, dass du ab-

haust und ich erst dann merke, dass ich mich zum affen gemacht hab
je länger ich so blöde zu dir war, desto mehr warst du weg, dabei hatte ich doch gedacht, dann kommst du wieder näher ran und merkst, wie gern du mich hast, das war aber wohl nicht so.
ich bin in der zeit auch irgendwie von dir weggegangen, keine ahnung warum und wohin
ich habs verbockt holly
ich würds gern rückgängig machen
keine ahnung ob das geht
jakob.

Von: jake87@gmx.net
An: miss.golightly@yahoo.com
Gesendet: 4. Mai 2002, 7:18
Betreff: ach ja …

… merkste was?
ich würd dich gern sehen ;-)
vielleicht ist es ja gar nicht vorbei holly
j.

Von: miss.golightly@yahoo.com
An: jake87@gmx.net
Gesendet: 4. Mai 2002, 14:56
Betreff: Postweg

Pass auf, Jakob,
ich will auch nicht, dass es vorbei ist. Aber sehen will ich dich jetzt nicht, das hat zu wehgetan, das muss ich nicht

gleich nochmal haben. Lass uns ein bisschen schreiben, okay? Okay? Ich kann das irgendwie besser als reden und ich glaube, du auch. Ich versuche die ganze Zeit rauszufinden, was mit uns passiert ist. Du sagst, du hattest das Gefühl, dass ich nicht mehr will, und warst deshalb so scheiße zu mir. Warum dachtest du, ich will dich nicht mehr? Hab ich was falsch gemacht? Die Wahrheit ist nämlich, dass ich im ganzen letzten Jahr nicht mal im Traum daran gedacht habe, dich nicht mehr zu wollen. Bis du angefangen hast, mich dauernd wegzuschubsen. Und jetzt trau ich dir nicht mehr. Ich kann dir nicht mehr glauben, wenn du sagst, dass du nicht willst, dass Schluss ist. Vielleicht hast du mich einmal zu viel weggeschubst. Gefühle gehen kaputt, wenn sie dauernd getreten werden. Ich weiß nicht, ob da noch was zu retten ist. Aber ich wünsche es mir.
Und du so?
Deine Holly.

Von: jake87@gmx.net
An: miss.golightly@yahoo.com
Gesendet: 4. Mai 2002, 19:30
Betreff: Re: Postweg

du willst also schreiben holly okay wenn du das so willst, dann machen wir das so.
ich würde dich lieber sehen, dich anfassen, dich küssen, ich hab mich das so lang nicht getraut. komisch dass ich mich jetzt wieder trauen würde, obwohl ich mir da nicht ganz sicher bin, wie es dann wäre, wenn du vor mir stehst.
es tut mir alles so leid, es tut mir leid, dass ich so unfähig

war, dass ich dich in den letzten wochen so mies behandelt hab und neulich auf dem steg auch, ich hab einfach nicht richtig nachgedacht.

warum ich gedacht hab, dass du mich nicht mehr willst? ich glaube, mir ist nur irgendwann mal eingefallen, wie schrecklich es ohne dich wäre, wie kalt und öde und dann hab ich mir das vorgestellt und mich gefragt, was denn ist, wenn du mich mal nicht mehr willst und ob ich das dann überhaupt hinkriege ohne dich, und da hab ich dich beobachtet, hab immer geschaut, was du so machst, wenn wir zusammen sind, und plötzlich war das gefühl da: die liebt mich nicht mehr, die hat nen anderen, was auch immer, zur hölle, irgendwas ist da, die liebt mich nicht mehr

es lag nicht an dir, du hast nichts falsch gemacht ich hab mir was eingeredet, keine ahnung warum ich glaub da hab ich mal wieder was richtig prima hingekriegt, hab dir wehgetan und wehgetan und wehgetan und jetzt tut es mir auch weh und alles ist beschissen und wahrscheinlich liebst du mich jetzt wirklich nicht mehr

but i love you

jake.

Von: miss.golightly@yahoo.com
An: jake87@gmx.net
Gesendet: 5. Mai 2002, 02:45
Betreff: schlaflos und verheult

Jakob, Liebster,
wie konnte das nur alles passieren? Wie kann es sein, dass ein paar doofe Missverständnisse unsere Liebe kaputtmachen? Du sagst, du liebst mich noch. Das heißt,

für dich könnte alles wieder in Ordnung kommen, für dich sieht es nicht zerstört aus. Für mich aber. Ich hänge in Fetzen an der Wand und zu meinen Füßen liegt ein Scherbenhaufen, der mal unser Glück war. Es ist ganz furchtbar ohne dich. Ich kann nicht schlafen, ich kann nicht essen, ich kann mit niemandem reden, ich kann weder meinen Freundinnen noch meinen Eltern erzählen, was passiert ist und warum ich so schlimm aussehe. Ich habe Angst, dass sie dann nachfragen und ich es nicht erklären kann, dass sie mich in den Arm nehmen und ich dann wieder das Heulen anfange. So liege ich also vor dem Fernseher, verstehe nichts von dem, was da gesendet wird, und die Tränen laufen mir übers Gesicht und es tut entsetzlich weh und ich habe nicht das Gefühl, dass dieser Schmerz jemals wieder weggehen wird. Du bist so unendlich weit weg, und auch, wenn du mir schreibst, dass das nicht so ist, kann ich es doch spüren und weiß nicht, wie alles werden soll.
Kannst du schlafen?
Hollinsky

Von: jake87@gmx.net
An: miss.golightly@yahoo.com
Gesendet: 5. Mai 2002, 02:56
Betreff: Re: schlaflos und verheult

ich kann auch nicht schlafen, aber ich will auch nicht schlafen, weil ich dann nur von dir träumen würde und das geht gar nicht, weil wenn ich dann aufwache warst du grade noch da und bist es dann plötzlich nicht mehr, so wie du eben grade noch da warst und jetzt nicht mehr bei mir bist, nicht in meinem arm liegst, sondern weit

weg am andern ende der stadt bist und das nicht, weil du
heute keine zeit hattest bei mir zu schlafen, sondern weil
du vielleicht nie mehr bei mir schlafen wirst.
ich versuche immer mir vorzustellen, wie es wäre nur
mit dir befreundet zu sein ohne liebe und das alles, und
das kann ich mir einfach nicht vorstellen, das ist so
gruselig, dass wir uns ab und zu treffen würden vielleicht
auf ein eis oder ein bier und du würdest dann aufs klo
gehen ohne mich vorher noch schnell zu küssen, diese
vorstellung zertrümmert mir die birne
ich hoffe immer noch, dass es so nie sein wird, dass wir
wieder zusammenkommen und du einfach vergisst, was
in den letzten wochen war, und dann zeige ich dir, dass
ich der tollste typ bin den du jemals kennen gelernt hast
kuss
jakob.

Von: miss.golightly@yahoo.com
An: jake87@gmx.net
Gesendet: 5. Mai 2002, 05:12
Betreff: die Wahrheit

Du bist der tollste Typ, den ich jemals kennen gelernt
habe, und das wirst du auch immer bleiben, du warst der
Erste, in den ich so verliebt war, du warst der Erste, der
alles von mir wusste, du warst der Erste, mit dem ich
geschlafen habe, du wirst für immer mein Jakob sein, ich
werde dich nie, nie, nie vergessen, und jetzt halte ich es
langsam nicht mehr aus, dich zu belügen, und muss dir
erzählen, was passiert ist.
Vor ungefähr einer Woche, als ich so traurig war wegen
uns, hab ich jemanden kennen gelernt. Er war nett zu

mir, er machte mir Komplimente, er fragte mich immer
wieder, warum ich so traurig bin, und ich hab es ihm
irgendwann erzählt. Er hat mich getröstet, hat den
großen Versteher gemacht, hat meine Hand gehalten und
ich hab ihn gelassen, weil es so gut getan hat, und dann
hat er mich nach Hause gebracht und hat mich geküsst,
und ich hab ihn gelassen, weil es so gut getan hat.
Ich bin nicht verliebt in ihn, ich weiß nicht mal seinen
Nachnamen, ich hab ihn auch nicht wiedergesehen. Aber
ich hab ihn geküsst, ich hab einfach einen andern geküsst. Und ich glaube, dass sich das nicht mehr rückgängig machen lässt. Wenn ich mich von einem anderen
küssen lasse, bedeutet das, dass es zwischen uns aus ist,
ich würde das sonst nicht tun. Wir haben uns nicht erst
vor ein paar Tagen getrennt, sondern schon vor ein paar
Wochen. Sonst wäre das so nicht möglich gewesen. Du
warst mir immer zu wichtig, als dass ich so was riskiert
hätte. Dass ich es jetzt aber gemacht habe, sagt alles. Ich
kann nicht einfach so tun, als wäre nichts, und dann dich
wieder küssen. Das könnte ich nicht. Ich weiß, dass das
altmodisch ist, aber ich weiß auch, dass ich ausrasten
würde, wenn du eine andere küssen würdest. Und ich
weiß, dass es endgültig vorbei ist, wenn ich das hier
abschicke.
Es tut mir Leid, ich wünschte, das alles wäre nicht
passiert, das alles wäre nur ein schlechter Traum.
Deine Holly.

Von: jake87@gmx.net
An: miss.golightly@yahoo.com
Gesendet: 5. Mai 2002, 05:15
Betreff: sag …

… dass es nicht wahr ist holly sag dass das nicht stimmt
ich werd hier gleich verrückt

Von: miss.golightly@yahoo.com
An: jake87@gmx.net
Gesendet: 5. Mai 2002, 05:19
Betreff: Re: sag …

Es ist wahr.
Ich liebe dich.
Vergiss mich nicht.
H.

Von: jake87@gmx.net
An: miss.golightly@yahoo.com
Gesendet: 5. Mai 2002, 05:23
Betreff: Re: Re: sag …

lass mich in ruhe du hast alles kaputtgemacht ich fass es
nicht
vielleicht schreib ich dir mal
oder wir sehen uns zufällig
der jakob.

Von: miss.golightly@yahoo.com
An: jake87@gmx.net
Gesendet: 5. Mai 2002, 05:27
<Kein Betreff>

Jakob, bitte nicht. Nicht so. Bitte.

Von: miss.golightly@yahoo.com
An: jake87@gmx.net
Gesendet: 6. Mai 2002, 20:33
<Kein Betreff>

Jakob. Sag doch was.
Holly

Von: miss.golightly@yahoo.com
An: jake87@gmx.net
Gesendet: 7. Mai 2002, 01:04
<Kein Betreff>

Jakob?

Der Trick ist zu atmen

Wie das Leben nach der Bruchlandung weitergeht. Wie die Wunden heilen. Und warum du dich trotz der Narben immer wieder verlieben kannst.

Stunde null
– Wie geht's dir?
– Ich weiß nicht.
– Los, sag schon.
– Ich kann nicht.
– Warum nicht?
– Ich kann nicht sprechen.
– Was machst du?
– Ich lieg so rum.
– Davon wird's nicht besser.
– Ich weiß.
– Ja und?
– Egal.
– Jetzt reiß dich mal zusammen.
– Nein.
– Warum?
– Es tut so weh.
– Wo genau?
– Überall, einfach überall.
– Wie schlimm ist es?
– Sauschlimm.
– Kannst du dich bewegen?

– Nein.
– Willst du dich bewegen?
– Nein.
– Dann schlaf doch erst mal.
– Schlafen geht gar nicht.
– Dann deck dich wenigstens zu, du zitterst ja.
– Hast du eine Decke?
– Ja.
– Gib her.
– Hier.
– Danke. Danke, echt.
– Bitte. Kann ich dich alleine lassen?
– Ich bin doch eh alleine.
– Armes Ding. Ich schau dann wieder nach dir.
– Okay.

The Day after
– Hast du geschlafen?
– Nö.
– Was hast du die ganze Nacht gemacht?
– An die Decke gestarrt.
– Und weiter?
– Geheult.
– Wie viel?
– Bis es nicht mehr ging.
– Was noch?
– Gekotzt.
– Wie oft?
– Dreimal.
– Wie geht's dir jetzt?
– Beschissen.
– Willst du drüber reden?
– Nein.

– Willst du was essen?
– Bloß nicht. Kein Essen bitte.
– Was trinken?
– Vielleicht.
– Ich hab dir warme Milch mitgebracht.
– Ehrlich gesagt hätte ich lieber einen Schnaps.
– Schnaps gibt's nicht.
– Sonst irgendwelche Drogen?
– Nein. Drogen gibt's auch nicht. Dann wird es nur schlimmer. Willst du jetzt einen Schluck Milch oder nicht?
– Ich probier mal.
– Bitte.
– Igitt.
– So schlimm war es aber noch nie, hm?
– Es ist schlimmer als alles, was bisher war.
– Wie ist es denn?
– Als ob jemand gestorben wäre.
– Wer denn?
– Ich.

Nachtschalter
– Du hast im Schlaf geweint.
– Hab ich geschlafen?
– Ja, aber nicht gut.
– Ich hab Kopfschmerzen.
– Du solltest wirklich was essen.
– Ich werde nie mehr was essen. Nie mehr.
– Das denkst du jetzt nur. Du wirst wieder essen
– Vergiss es.
– Sollen wir rausgehen?
– Was machen?
– Wir können spazieren gehen, wenn du willst.

– Ich kann nicht gehen.
– Spürst du deine Beine noch?
– Ja.
– Dann kannst du auch gehen. Lüg mich nicht an.
– Ich will nicht gehen.
– Schon besser. Es ist wichtig, dass du jetzt ehrlich bleibst und dir nichts vormachst.
– Ich mach mir nichts vor. Ich weiß, was passiert ist.
– Gut. Und jetzt schlaf wieder ein.
– Kann ich dich anrufen, wenn was ist?
– Klar.

Höhlenmensch
– Wo bist du?
– Unterm Tisch.
– Was machst du da?
– Embryohaltung.
– Komm da raus.
– Nein.
– Doch. Komm jetzt raus.
– Hör auf. Das hat doch alles keinen Sinn. Was glaubst du, wer du bist?
– Ich stell hier die Fragen.
– Ich werde nicht mehr antworten.
– Das werden wir ja sehen.
– …
– Du willst doch, dass es dir besser geht, oder?
– …
– Du wärst doch gerne wieder glücklich, oder?
– …
– Ist das bequem so?
– …
– Was siehst du, wenn du die Augen zumachst?

– ...
– Weinst du etwa?
– Das ist nur das Kneipenlicht.
– Wir sind hier aber nicht in der Kneipe. Oh, entschuldige, sind wir doch.
– ...
– Du liegst in Embryohaltung unter einem Kneipentisch. Was willst du denn?
– Halt's Maul.

Pizza
– Hattest du Besuch?
– Nein. Warum fragst du?
– Da liegen drei Pizzakartons in der Ecke.
– Hab ich gegessen.
– Hey! Toll!
– Ja, ganz toll.
– Hat's geschmeckt?
– Es war eklig.
– Warum hast du das dann gemacht?
– Ich wusste nicht, was ich sonst machen soll.
– Na dann.
– Hm.
– Was macht dein Herz?
– Es ist da.
– Schlägt es?
– Ja.
– Tut es weh.
– Ja.
– Das wird wohl noch ein bisschen dauern.
– Wie lange?
– Kann man schwer sagen. Ein paar Tage. Ein paar Wochen. Ein paar Jahre.

– Das halt ich nicht aus.
– Das hältst du aus. Ich hab's auch ausgehalten.
– Wie?
– Ich hab einfach weitergelebt.
– Und jetzt tut es nicht mehr weh?
– Doch. Es tut immer ein bisschen weh. Aber das gehört dazu.
– Ich will das nicht.
– Du hast keine Wahl. Du wirst dich wieder verlieben. Und es wird vielleicht wieder schief gehen.
– Ich werde mich nie mehr verlieben.
– Wirst du wohl. Das ist so sicher wie Weihnachten.
– Ich hasse Weihnachten.
– Du bist aber auch schwierig!
– Das hab ich irgendwo schon mal gehört.
– Tut mir Leid.
– Mir auch. Kann ich noch eine Pizza haben?
– Mit was drauf?
– Menschenfleisch.

Verdunklungsgefahr
– Draußen scheint die Sonne.
– Ich hab's gesehn.
– Das kann ich mir nicht vorstellen. Du hast die Jalousien runtergelassen.
– Als ich die Sonne gesehen habe.
– Mein Gott. Soll ich dich in den Arm nehmen?
– Vielleicht.
– Kann ich gerne machen, ist kein Problem.
– Okay. Mach.
– Besser so?
– Ein bisschen.
– Soll ich dir was vorsingen?

– Nein. Keine Musik. Bei Musik muss ich heulen.
– Wegen eurem Lied?
– Alles ist unser Lied.
– Wollen wir fernsehen?
– Ja.
– Gibt nur Nachrichten.
– Nachrichten sind gut.

Arbeitsbeschaffungsmaßnahme
– Hey, was ist denn hier los?
– Ich putze.
– Du hast noch nie geputzt.
– Hier sieht's aber aus wie Sau.
– Das hat dich früher nicht gestört.
– Jetzt stört es mich aber. Außerdem hilft es.
– Es hilft dir?
– Ja, Dreck wegmachen ist gut.
– Da hast du aber noch einiges vor dir.
– Je mehr, desto besser.
– Woran denkst du beim Putzen?
– An nichts. An gar nichts.
– Und was macht das Herz?
– Welches Herz?

Getanzt
– Du siehst müde aus.
– Ich bin müde.
– Hast du wieder nicht geschlafen?
– Doch, aber nicht viel.
– Warum nicht?
– Ich war aus.
– Du warst AUS?
– Ja, ich war tanzen.

– Tanzen?
– Nänänänänä …
– Mit wem?
– Kennst du nicht.
– Jetzt sag schon!
– Kennst du nicht!
– War's schön?
– War ganz in Ordung.
– Auch die Musik?
– Ging so.
– Du weißt schon, was ich meine.
– Es hat nicht wehgetan.
– Du machst Fortschritte.
– Findest du?
– Ja! Du bist richtig gut!
– Aber vorhin war's wieder schlimm.
– Hast du geweint?
– Nein.
– Kannst du ruhig zugeben.
– Na ja, ein ganz kleines bisschen vielleicht.
– Das macht gar nichts.
– Nein?
– Nein, das ist völlig normal. Ich muss jetzt los.
– Schaust du mal wieder rein?
– Bestimmt.

Ganz nett
– Tut mir Leid, dass ich so lange nicht da war.
– Zwei Wochen!
– Ich hab gesagt, dass es mir Leid tut.
– Wo warst du?
– Ich wurde woanders gebraucht.
– Und ich? Ich brauch dich nicht, oder was?

– Du siehst gut aus.
– Danke.
– Ich sag nur, wie es ist.
– Du siehst auch nicht schlecht aus.
– Das hast du mir noch nie gesagt.
– Mir war grade so danach.
– Es geht dir besser, hm?
– Mhm.
– Deine Augen leuchten.
– Quatsch.
– Doch, ehrlich!
– Du spinnst.
– Wer hat dir denn die Platte da geschenkt?
– Niemand.
– ?
– Ja, ja, ist ja gut. Kenn ich seit vier Tagen.
– Und?
– Was und?
– Nett?
– Ganz nett …
– Hast du dich verknallt?
– Nein!
– Du siehst aber so aus.
– Na-hein!
– Ich fänd es nicht tragisch.
– Ich auch nicht. Ist aber nicht so, wie du denkst.
– Schatz.
– Hör auf!
– Dann kann ich ja jetzt gehen, oder?
– Ich glaub schon.
– Was soll ich noch sagen?
– Bis bald?
– Bis bald.

Es ist weder besonders einfach noch besonders schwer, ein Herz zu erobern. Es erfordert nur verdammt viel Mut.

Mein tief empfundener Dank geht an:

Kerstin, für morgens halb vier in Deutschland und für ihr Vertrauen.
Niels, für all die Blumen.
Supp, für seine Erinnerungen.
Achim, für Engure.
Timm, für das Büro München.
Ute, für Studio Ute.
Dottel, für Elwin.
Titus, fürs Vorbeischauen.
Seki, für Zigaretten.
Herrn Kalle, für Peter Arnett und Peter Kloeppel.
Jolle, für auf dem Stein sitzen und nachdenken.
Miri, für frische Soße.
Harald, für alles.
Sony Vaio, fürs Durchhalten.
Herrn Killer-Schmidt, fürs Aufwecken und Schütteln.
Garbage, für »The trick is to keep breathing«.
Godzilla, Beast without Love.
Und natürlich an Romy und Guelmo.

Paperbacks bei
Kiepenheuer & Witsch

Kerstin Gleba
Rudolf Spindler (Hrsg.)
Freistunde
Schüler erzählen von ihrem Leben nach dem
Stundenplan

KiWi 542
Originalausgabe

Ein Schulbuch, entstanden in Kooperation mit dem
jetzt-Magazin, das Spaß macht: Geschichten über
das Leben und die Leiden in der Schule, erzählt von
Schülern – und von Autoren, die alles schon hinter
sich haben, darunter: Benjamin v. Stuckrad-Barre,
Christian Ulmen, Benjamin Lebert, Moritz von
Uslar, Elke Naters und Smudo.

www.kiwi-koeln.de

Paperbacks bei
Kiepenheuer & Witsch

Timm Klotzek
Rudolf Spindler (Hrsg.)
Verlieben, Lieben, Entlieben

KiWi 612
Originalausgabe

Verlieben, Lieben, Entlieben – in einem dieser
Aggregatzustände befindet man sich eigentlich
sein ganzes Leben lang, manchmal sogar in zweien
zugleich. Fünfzehn Autoren haben zu jedem der
drei Kapitel – Verlieben, Lieben, Entlieben – eine
Geschichte geschrieben: Rebecca Casati, Michael
Ebmeyer, Malin Schwerdtfeger, Marc Fischer,
Thorsten Krämer, Albert Ostermaier, Johanna
Adorján, Marcus Jauer, Friederike Knüpling, Simone
Buchholz, Zsuzsa Bánk, Christine Koischwitz,
Dana Bönisch, David Wagner, Thorsten Schmitz.

www.kiwi-koeln.de

Paperbacks bei
Kiepenheuer & Witsch

KiWi

Rudolf Spindler
Timm Klotzek (Hrsg.)
Losleben
Das jetzt-Tagebuch

KiWi 604
Originalausgabe

Zwanzig Autoren schrieben für das jetzt-Magazin
der Süddeutschen Zeitung auf, was sie im Laufe
einer Woche erlebt und gedacht haben. Zu Hause,
bei der Arbeit, in der Schule, unterwegs auf Reisen.
Unter den Tagebuchschreibern:
Benjamin v. Stuckrad-Barre, Smudo von den
»Fantastischen Vier«, Max Goldt, Moritz von Uslar,
Maike Wetzel, Benjamin Lebert, Katharina
Wackernagel und Christian Ulmen.

www.kiwi-koeln.de